基本・人づくり

AIAのすすめ

田畑書店

基本・人づくり　◎　目　次

基本・人づくり
——ＡＩＡのすすめ

第一章　人づくりの手抜きが国を滅ぼす

世に「失われた二十年」ということばがあります。日本経済が長期低迷に入ったバブル終焉期からこちら、概ね一九九〇年代初頭から現在を指すようなので、正確に言えば「失われた三十年」ということになるでしょうか。奇しくも二〇二〇年のいま、三十一年を数えた平成の時代が幕を閉じ令和と元号を改めたばかりで、それを考え合わせると「失われた三十年」というのは、そのまま平成と重なることになります。この間の日本の社会・経済については非常に厳しい見方をする経営者が多いようで、例えば元経済同友会代表幹事の小林喜光《よしみつ》さんは、「平成の三十年間、日本は敗北の時代だった」と総括しています。

この三十年の間、日本経済がどのように変貌を遂げたかを語る、興味深いデータがあります。平成元年と平成三十年の「世界時価総額ランキング」20位までを比べた表です。ベスト10を見ると、平成元年には日本企業がトップから4位を独占しており、10位中、実に7つの企業が

時価総額ランキング

平成元年		平成30年	
1. 日本興業銀行	964 億ドル	1. アップル	8,777 億ドル
2. 住友銀行	727 億ドル	2. マイクロソフト	8,094 億ドル
3. 第一勧業銀行	668 億ドル	3. アマゾン・ドット・コム	6,971 億ドル
4. 富士銀行	659 億ドル	4. ジョンソン&ジョンソン	3,940 億ドル
5. エクソン	602 億ドル	5. JPモルガン・チェース	3,786 億ドル
6. 東京電力	584 億ドル	6. グーグル親会社	3,437 億ドル
7. IBM	575 億ドル	7. フェイスブック	3,373 億ドル
8. GE	559 億ドル	8. エクソン・モービル	3,366 億ドル
9. トヨタ自動車	550 億ドル	9. バークシャー・ハザウェイ	2,791 億ドル
10. 野村証券	508 億ドル	10. バンクオブアメリカ	2,736 億ドル
11. AT&T	471 億ドル	11. ファイザー	2,704 億ドル
12. 新日本製鉄	393 億ドル	12. ユナイテッド・ヘルス	2,704 億ドル
13. フィリップモリス	390 億ドル	13. ネスレ	2,651 億ドル
14. ロイヤル・ダッチ	372 億ドル	14. ビザ	2,531 億ドル
15. 東海銀行	350 億ドル	15. ウェルズファーゴ	2,513 億ドル
16. 松下電器産業	342 億ドル	16. ベライゾン	2,492 億ドル
17. 関西電力	337 億ドル	17. P&G	2,377 億ドル
18. 日立製作所	335 億ドル	18. インテル	2,298 億ドル
19. 三井銀行	328 億ドル	19. テンセント	2,273 億ドル
20. メルク	313 億ドル	20. シェブロン	2,273 億ドル
		44. トヨタ自動車	1,368 億ドル

MSCI

出典：MSCI

入っています。ところが平成三十年のトップ10は、アップル、アマゾン、フェイスブックほかアメリカに本社を置くグローバル企業が首位を占め、日本企業の影すらありません。20位までを見ても、平成元年には13社の日本企業が入っていましたが、平成三十年には日本企業としては最上位のトヨタ自動車が44位に初めて顔を見せているのみです。

また、国連で発表されている「日本の対世界GDPシェアの推移」を見ると、一九九五〜六年のピーク時では世界の約18％を占めていた日本のGDPが、二〇一七年にはおよそ6％。この二十年間で実に3分の1に落ちてしまったのです。

ある意味ショッキングなこれらのデータを見て、あまりにもの変貌にさまざまな考えが浮かびます。なぜこんなことになってしまったのか。当然のこと、その原因は多岐多様にわたるでしょうし、一元的に決めつけることはできないでしょう。しかし私には大きく考えて三つのこと、そしてそれらに通底するひとつの大事なことに帰結するように思われて仕方ありません。

その三つのこととは、⑴企業の寡占化、多様性の欠如の問題　⑵サラリーマン化した経営者の問題　⑶教育（啓育）の問題です。

そしてそれらに通底することとは、ひと言でいって「〈志〉の欠如の問題」なのです。

日本の対世界ＧＤＰシェアの推移

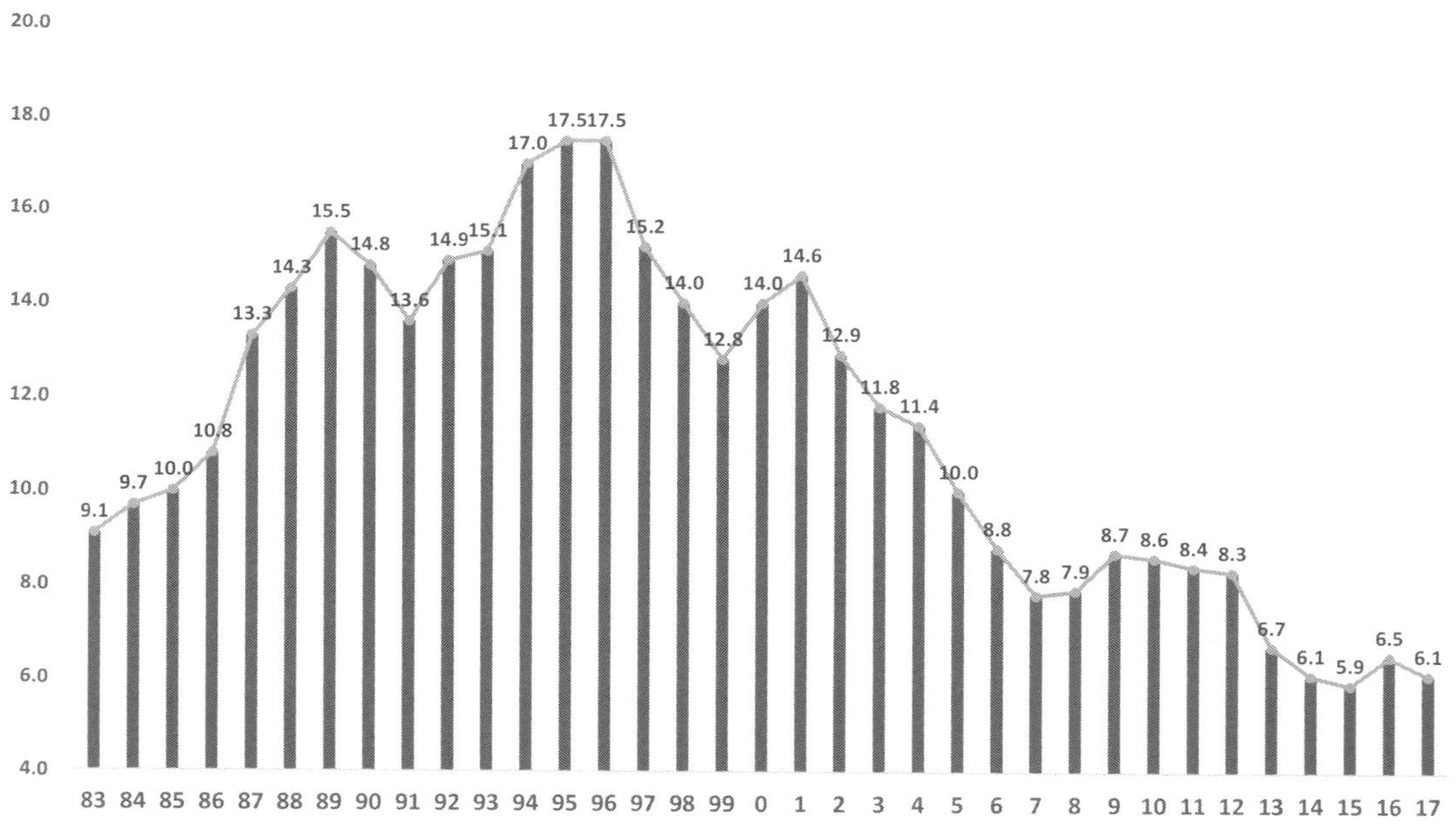

出典：IMF、国連

1．企業の寡占化、多様性の欠如の問題

世界を覆う〈寡占化〉傾向

日本では、年間で少ない年でも3万社台後半、多い年では5万社くらいの企業が消えていっています。この傾向は「失われた三十年」の間ほぼ変わらず、内需を圧迫し、景気感を悪くし、デフレ脱却を困難にしています。

その主な原因に、グローバル化と国際競争力の名のもとで強まっている寡占《オリゴポリー》化の問題が挙げられます。大雑把にいうと、トップ2社の企業で市場の50%を占め、3位以下の企業は生存しにくくなっている状態ともいえます。それらの寡占企業は、以前は価格を上げて2位以下に優位に立ち、また現在は価格を下げて、追いつけなくして2位以下が存続できないようにする傾向があります。それは金融から始まって、一般には目に見えにくい半導体の分野や食に関す

る種《たね》の世界でも強くなっています。

こうした中で独占禁止法だけでなく、寡占禁止法のような法律はできないかという意見も出てきています。しかし、独占禁止法の大目付役の「公正取引委員会」も経済諸団体も、国際競争力をそぐという理由で、寡占化傾向に対策を打ち出すことはありませんでした。中小企業・零細企業の企業精神を啓蒙する地域の経済団体も、トップやリーダー格に大企業出身者が多く、また地元の成功した企業の代表であるためか、苦しんでいる中小・零細企業の現場の実態が理解しにくく、寡占化の傾向を見逃し、会員数そのものを減らす結果となったのではないかと思われます。

いわば、さまざまな企業や経済団体を設立した渋沢栄一らの理念を、組織の官僚化のために失ってしまったのです。なお、労働組合自体も寡占化、および官僚的体質を強め、その傾向に拍車をかけたといっていいと思います。

実はこうした背景が、国民の政治への距離感、あるいは無関心につながって、いわゆる「国民と国家」との乖離をもたらしています。すなわち国民の目的・目標と国家の目的・目標がミスマッチを起こしかねないのです。

そして国民一人ひとりの〈志〉は失われ、多くの人々が消極的な心構え（Attitude）を持ち、意欲と熱意を失うことになります。国民一人ひとりの生活、抹消血管に当たる零細自営事業者や中小企業の経営者の生活がおびやかされているのです。

これは何も日本だけで起きている現象ではありません。世界ではさらに民族と国家との乖離が起き、両者の連関性が失われつつあります。文明は画一化し、寡占的な傾向を強めているのです。多様な地域の文化も崩壊し、家族の連帯感が失われつつあります。放っておけば、文明と文化との崩壊にもつながりかねません。その結果、国民や民族の一人ひとりは、持てる力を建設的な方向には使わなくなり、破壊的傾向か無気力に陥るのです。そして人間の持てる力が十分に活かされなくなったり、企業家マインドを失うことになるのです。アジア初のノーベル経済学賞を受賞したインドの経済学者、アマルティア・センが「人間の安全保障」を問題にしたのも、ここに因があるのです。[*1]

＊1　『〈人間の安全保障〉の諸政策』岩浅昌幸・柳平彬　編著・法律文化社・二〇一二年刊

寡占の脅威

ごく最近のことですが、二〇一九年七月二十四日の東京新聞に、次のような見出しの記事が載りました。

「米、ＩＴ大手を調査　独禁法違反なら是非措置」

記事の伝えるところによれば、アメリカの司法省が〈ＧＡＦＡ〉と呼ばれるグーグルやフェイスブック、アマゾン・コムなどを対象として、反トラスト法（独占禁止法）に違反していないか調査を始めたというのです。

振り返ってみれば、昭和のサムライ・ジャーナリストを自任した武山泰雄が、アメリカにおける寡占経済社会の実情と問題点を指摘してからすでに半世紀を優に越えました。[*2] 二〇〇五（平成十七）年に亡くなる三年ほど前から、彼は「日本の問題は寡占だ」と繰り返し訴えていました。

また、「アメリカ経済が今日当面している大問題は寡占である」とプリンストン大学教授、ジェス・Ｗ・マーカムは証言しています。「ビッグビジネスの巨大な力のもとでは自由競争があるとはいえない。あるとすれば、それはビッグビジネスとビッグビジネスとの間の競争である。ライオンであるビッグビジネスと兎である中小企業との自由競争はナンセンスである。人々は競争に対する確信を失い、競争の将来性に失望し、競争を維持しようとする努力は無益なものと感じるに至る。同時に人々はその危険を忘れてビッグビジネスを賛美し、無批判な従属的態度をとるようになる」

ビッグビジネスに好意的ともみえるヘリマン・マウラーでさえも「大会社が、人間の尊厳の最後のひとかけらをも粉々にしてしまう魂の腐敗者の役割を果たすだろうという危惧も容易に想像できる。大会社の成長そのものの中に、社会の希望と同時に『右にならえ』の画一主義の危険とが内在している」と強いことばで警告しています。[*3]

そして何より、アメリカ自身の中で、「Heal America / Take it back」（アメリカを治し、取り戻せ）の声が高く上がり、また「ウォール街を占拠せよ」「ウォール街に課税せよ」というスローガンを、若者や失業者だけでなく、中小企業経営者や自営業者などが掲げていました。そしてさらに、二〇〇一年にノーベル経済学賞を受賞したコロンビア大学のジョゼフ・スティグリッツ教授も参加する、静かな〝文化革命〟のような反乱運動が全米都市でゲリラ的に巻き起こりました。

「Too big to fail」（大きすぎて潰せない）ということばに、「Too big to jail」（大きすぎて牢屋にぶちこめない）ということばが追加されたプラカードを、彼らは掲げていました。このトレンドが長期的にインパクトを与える可能性は低くはないでしょう。

企業及び組織のコンセプトアドバイザーの宅間克は、E・F・シューマッハ（一九一一～一九七七）の「Small is Beautiful（小さいことは良いこと）」の逆を主張した経営者に対して、次のように述べています。

「日本ではベンチャーの雄と呼ばれているビジネスマンが『スモール・イズ・ビューティフルなどと言っていると、将来は過去の栄光を憂いてばかりになる』として、ビッグであることを逆説で賛美し、グローバルに通用する競争力を理由に、ビッグとしての競争というよりは、ビッグであること、よりビッグになる競争に没頭している。結果として、中小企業の統廃が進んで企業数が激減している。企業社会を支える広大な零細企業の裾野が重圧に耐えかねて崩落しかけていることが問題になっている」。

さらに、「ビッグとスモールという経済単位の形態（フォルム）を離れて、経済の様態（モード）でみると、そこでは金融寡占経済の脅威が忍び寄っている。経済の専門紙である日本経済新聞ですら、そのオピニオンコラムで次のように警告している。『金融市場には世界経済を混乱させる要因が潜んでいる。それはモノの生産（や消費）とは無関係に、異常に膨らんだり縮んだりする投機マネーの存在である。その影響を最も深刻に受けるのが、危険をヘッジできない弱者である。そこに経済の矛盾が集中しており、その矛盾を放置したままでは、企業成長も世界経済の発展も行き詰まってしまう恐れがある』[*4]サブプライムローンの事件のように、金融寡占経済の矛盾は最弱者において暴露し、逆流して経済全体を揺るがす。それは自家撞着という最悪の矛盾である」と言及しています。

かつて武山泰雄は「ビッグビジネスによる寡占経済が確立されればされるほど企業の公共性が強調されざるをえなくなり、社会に対して責任を負う企業の概念が浮上する」[*5]と指摘しました。しかし、今の日本では、企業経営における営利指標の寡占化が進み、企業界では、短期利益を最大限にすることを追求するあまり、〈志〉を失い、社会的法倫の価値を忘れ、あるいは社会的責任のコンプライアンス、ディスクロージャーやＣＳＲを口先の報告書に済ませた結果、企業不祥事が絶えず増えているのです。

前述した宅間克は、そのような日本の寡占化傾向に、武山泰雄やマウラーのことばを引いて、以下のような警告を発しています。

「今のマスコミ界が経済社会か人文社会か、それとも公共社会かという判断は別にして、そこでも登場人物や情報の寡占化が進んでいる。どこのテレビを見ても極めて限られた同じ人物が登場し、同じ情報が飛び交っていないだろうか。画一的な寡占化文化が一世を風靡している。

かくして、武山泰雄が指摘したアメリカ寡占経済社会の脅威は日本において臨界に至った。今の日本では寡占化が人間の尊厳の最後のひとかけらをも粉々にしてしまう魂の腐敗者の役割[*6]を果たそうとしている。「日本が今日当面している大問題こそ寡占である[*7]」

更に、低俗なお笑い番組を見ている内に健全な「生体反応」を失って、内発的やる気や〈志〉が消えていく社会に日本が突入しているのではないでしょうか。

＊2　『アメリカ資本主義の構造――寡占経済とその社会意識』武山泰雄著・東洋経済新報社・一九五八年刊
＊3　前掲書　287頁　脚注
＊4　日本経済新聞「大機小機」（二〇〇八年三月一日）
＊5　前掲書　51頁　参照
＊6　前掲書　287頁　脚注
＊7　前掲書　42頁　プリンストン大学教授マーカムの証言引用

恐竜はなぜ絶滅したか

ここで視点を変えて、恐竜がなぜ絶滅したかについて考えてみます。

今からおよそ二億三千年前に八百種ほどの恐竜が姿を現わしました。そして、六千五百万年前に絶滅するまで、一億六千万年という年月を生きたと言われています。人類の歴史二百万年に比べてもケタ違いの「わが世の春」を謳歌したわけです。それが忽然と姿を消したのですから、その原因をめぐってさまざまな検証がなされてきました。

恐竜が絶滅した理由については、これまでさまざまな説が唱えられてきました。現在では「巨大隕石」衝突説も有力になっています。また、恐竜絶滅の前後に何が起こっていたかという視点から見る説もあります。食物連鎖の入り口である植物生態系からのアプローチです。その結果、一億三千年前の花を咲かせる被子植物の誕生と関係があるのではないかという考え方が出てきました。恐竜が君臨した時代は、巨大なシダ類が森をなし、彼らはそれを独占的に摂取していました。

しかし、植物生態系の新たな変化は、恐竜以外の動物相の多様化を促し、彼らは巨大化すぎたため、植物相の独占的支配力を逆に失って、もはや種の発展を持続しきれなくなったのではないかというのです。その説によると、巨大隕石の衝突は壊滅的な影響を与えたに違いないものの、恐竜時代の終焉は、この悲劇以前にすでに進行していたと考えられます。そして、新たな植物生態系に適応し、生き延びることのできたほ乳類が、超長期にわたる恐竜の生態的地位の圧力から解放されて、本格的な進化を遂げていく。このような激変の裏側で、深く静かな変化が進行していたのです。

さて、もう十年ほど前になりますが、二〇一〇年を国連が「国際生物多様性年」と定めたことがありました。生物多様性とは、あらゆる生物が、地域固有の自然の中で、多様性を保ちながらお互いに繋がっていることを意味します。

ところが現在、種の絶滅が過去の百から千倍のスピードで進んでいるため、自然本来の魅力や恵みが急激に失われ、人間社会の存続にもマイナスの影響を与えているといわれています。たとえば、ミツバチは蜜の恵みをもたらすだけでなく、植物や作物の受粉に欠かすことのできない昆虫です。そのハチたちが突然、巣箱から次々と姿を消す「蜂群崩壊症候群（ＣＣＤ）」という現象が世界中で起きているのです。

『ハチはなぜ大量死したのか』（文藝春秋刊）の著者ローワン・ジェイコブセンは、「ミツバチに花粉交配を頼っている作物は合計で百種類近く、食物の実に八割が、多かれ少なかれ花粉媒介者の世話になっており、（中略）ＣＣＤは農業に大打撃をあたえ、世界的な食糧問題に発展する」との警告を発しています。

いま、「生物多様性」の必要性が世界中で叫ばれ始めた背景には、こうした事情があるのです。[*8] 生物多様性は、地球上の生命を持続させるすべての関係性を問題にしています。かつて、「共生」という概念が産業界でも叫ばれましたが、この生物多様性は「多律共生」の考え方に根ざしているといえます。「多律」とは、多占構造のなかで関連性を生かして、それぞれの持てる潜在能力を発揮できる状態を指します。そこではチームワークが問題になるのです。

＊８　『生物多様性という名の革命』デヴィッド・タカーチ著・日経ＢＰ・二〇〇六年刊

寡占競争と多占競争

さて、翻って現代における企業社会の問題を見てみましょう。

寡占の当事者たちにのみ許された自由競争とは、できるだけ有利な分野のシェアを伸ばす競争です。それは一定の分野で自分の存在が他の存在より有利になる競争であり、自分の存在有利を極限的に追求していく競争です。そしてどうしても存在有利が望めない場合には、他の企業をM&Aで吸収し、寡占を強めていくのです。いまやほとんどの企業不祥事やリスクマネジメントを脅かす問題は、寡占競争の底辺であがく企業が自分の存在有利を極限にまで追求して起こし、結果、自分の存在根拠をも失うという元も子もないものとなっています。

それに対して多占の競争とは、生態系の範例のような生存競争です。それは自分の存在有利を極限化していく競争ではありません。自分独自の存在根拠を確証しあう競争です。そこでは、自分の独占的強さや有利ではなく、自分の責任や貢献が先にたちます。自分の責任や貢献が相手に評価されたとき、自分の有利が確保されるのです。

自分の利益のみを求めて競争するか、それとも自分の使命や〈志〉を求めて競争するか。それが寡占競争と多占競争の基本的な違いです。したがって、多占とは単なる数だけの問題ではありません。ビッグを目指して自分の強さを求めていく企業が増えても、それは多占現象ではありません。寡占の種が増えるから、むしろ武山泰雄が指摘した「寡占の脅威」の中の現象となるのです。

多占化という新しい旗印によって、新しい体質の自由闊達な競争意欲が遍《あまね》く起こり、経済社会の広大な裾野を受け持つ零細企業に活力がよみがえるのです。人々にはそれぞれの〈志〉が喚起され、人間の尊厳が回復されます。それは、健全で活力のある経済社会が日本に再生することを意味しているのです。

〈選択と集中〉から〈採択と連関〉へ

〈選択と集中〉ということばが使われるようになってかなり経ちます。いまではビジネスの世界ばかりでなく、行政や政策においても頻繁に聞かれるようになりましたが、もとはといえば一九八〇年代、アメリカのゼネラル・エレクトリック（GE）社のCEO、ジャック・ウエルチが実践した戦略と言われています。

このことばの意味するところを有り体に言ってしまえば、ナンバーワンあるいはナンバーツーを狙える分野に経営資産を集中させて、それ以外の分野からは撤退させてしまおう、という考え方です。

この〈選択と集中〉を実践するなかには、経営資源から余分なものを取り去るという意味でのリストラも入りますが、今世紀に入り、この戦略をとったことで起こる弊害も見えてきました。そのもっとも顕著な例が、東日本大震災の悲劇のなかに見て取れます。

〈選択と集中〉という戦略においては、得意な分野に「ヒト・モノ・カネ」を集中させる、つまりその企業にとって強い分野を明らかにするため、社内競争を煽って弱い部門を摘出する必要があります。その結果現れてくるのはセクショナリズム、すなわち「縦割りの社会」です。

二〇一一年、日本に甚大な被害を及ぼした東日本大震災では、一方で原発の脆弱さがあらわになり、二次災害としてこれもはかりしれない打撃を日本社会に与えました。たしかに原発の構造自体に問題があることは否めませんが、ある分析によると、もし送電線が壊滅しなければ電源喪失もありえなかったといわれています。ところが、原発そのものの危機管理を担う部門と送電線を守る部門が別だったため、電柱や鉄塔の倒壊による送電線の切断に対処できなかったのです。そしてこういう例はわれわれの企業社会のなかで、実に頻繁に見られます。

一方、〈採択と連関〉というのは、英語でいえば〈adaptation〉と〈linkage〉です。すなわち異なる分野の間に関係を見出していく姿勢です。

寡占化する社会で、日本の活力を蘇らせるには、〈選択と集中〉一辺倒だけではなく、この〈採択と連関〉を重視して、社会全体の底上げを行うことが急がれています。そして、中小企業・零細企業の企業家精神、それも一獲千金を夢見るベンチャーではなく、健全な〈志〉のある企業マインドを取り戻す戦略にシフトし、内需を起こすことです。

多律共生の力、多生力を生かす国策に戦略を転換しなければならない理由がここにあります。日本は寡占で滅び、多生力で蘇るのです。これがまた自然の法則でもあり、縄文時代以前からの地球の生命と人類の歴史が証明していることなのです。

2．サラリーマン化した経営者の問題

私が主宰している組織活性化のための心構えプログラム「ＡＩＡ・心のアドベンチャー」では、ある大手化学メーカーの中堅幹部候補のリーダーを二十年以上指導していますが、そこで毎年、決まって訊ねることがあります。「皆さんのご家庭で、親が自営業をされている方は手を挙げてください」と。今年は手を挙げた社員はたった１人でした。二十年前は４～５人、十年くらい前から２～３人になりました。

サラリーマンや公務員の家庭で育った子どもは、一定の所得が家族に保障されているので、安定志向の生活スタイルが身につきます。最近は、政治家を目指す人々も〈志〉のようなものを持っているようには思えず、安定した収入を得られるサラリーマンを目指しているように思えるのは、私の思い過ごしでしょうか。さらに新卒の学生で、自分が企業を起こしたいと考えている人は２００人に１人以下（０・４％）しかいません。（「二〇一八年卒マイナビ大学生就職意

識調査」より）

一方、自営業の家庭では、毎月一定の所得が入るわけではありません。お客様が来なければ、売上が上がらなければ、店を閉じなければなりません。所得の蓄積がなくなれば、家庭崩壊や経営者の自殺にも発展しかねません。したがって、自営業の家庭で育った子どもたちは、知らないうちに自立心と失敗を恐れない企業家マインドが育つ可能性が高いといえます。

ところが、給与所得者であるサラリーマン、特にホワイトカラーは、自営業とは違い、長いか短いかはともかく、生活所得の保障があるのです。そうなると、それぞれのライフ・スタイル、仕事に対する心の持ち方、心構えはどうなるでしょうか。

サラリーマン生活を長年続けていると、仕事に取り組む姿勢は、無意識のうちに、できれば最小のエネルギーで、最大の効果や結果を出そうとするのです。働く時間はできるだけ短くして効率ギャップ（Performance Gap）を埋めようとします。要するに、無意識のうちに、能力の出し惜しみをしがちになるのです。その典型が官僚社会、官僚的経営スタイルといえます。小企業の自営事業者が、そんな働き方をすれば会社は潰れてしまうかもしれません。営業活動をも含めて、機会ギャップ（Opportunity Gap）を求めて挑戦せざるを得ないのです。

E-Bスケールとは何か

南カリフォルニア大学で、MBA（経営学修士）は必ずしも米国で企業家を育てていないという批判に応え、全米で初めて企業家精神学部（Department of Entrepreneurship）を四年制の大学に創立したリチャード・ブスカーク博士は、E-Bスケールという企業家経営スタイル（Entrepreneur Management Style）と官僚的経営スタイル（Bureaucratic Management Style）を評価する尺度を開発しました。ブスカーク博士によると、官僚的経営スタイルの特徴のひとつは「失敗に対する態度」です。多くの人がお金を借りてまで新しい仕事やビジネスを始めないのは、失敗することを恐れているからです。彼らは、失敗してしまうこと、誤ちを犯すことを非常に悪いことだと考えているのです。学校では、良い成績を取り、成功しなければならないと感じるように、〝教育〟されているのです。有益なことを学んだかどうかということは関係なくなるのです。

官僚主義者の返答は往々にして「失敗するぐらいなら、何もしない方がよい」ということです。それは、失敗によって、自分の職が危うくなってしまうからです。新しい仕事やプロジェクトに取り組む場合は、軌道に乗るまでは、収入が下がることも覚悟しなければなりません。あまつさえ、サラリーマンの主婦は、プライマリーバランス（基礎的財政収支）の天才です。主人にリスクを取らせないようにコントロールする黒幕といえます。

その反対に、企業家精神の旺盛な人は、失敗の恐れを抱き、無力感に苛まれることはありません。彼らは、自分の潜在能力に自信を持っているのです。彼らの特徴は、「失敗」を恐れず、新しい仕事に挑戦する「心構え（Attitude）」を持っていることです。事業に失敗するリスクが多く存在しかねない場合でも、そのリスクが障害だとは感じません。また、たとえ失敗したとしても、いい教訓になったと考えることもしばしばです。

さて、いまわれわれ日本人の意識は、この企業家的経営スタイルと官僚的経営スタイルのどちらに傾いているのでしょうか。

これからの日本経済の復活は、「急がば回れ」ではないですが、サラリーマンおよび経営者も含めて、失敗を恐れず新規事業やイノベーションに挑戦する企業家的経営スタイルを持った人財（われわれは「人材」ではなく「人財」という字を用いることにしています。なぜならば「人」は取り替えのきく原材料ではないからです）をいかに育てるかによって決まるともいえます。

図（次頁）の「働く人の地位別就業者の推移」を見てください。一九六五（昭和四十）年頃

働く人の地位別就業者の推移

自営業者と給与取得者の推移（単位：%）

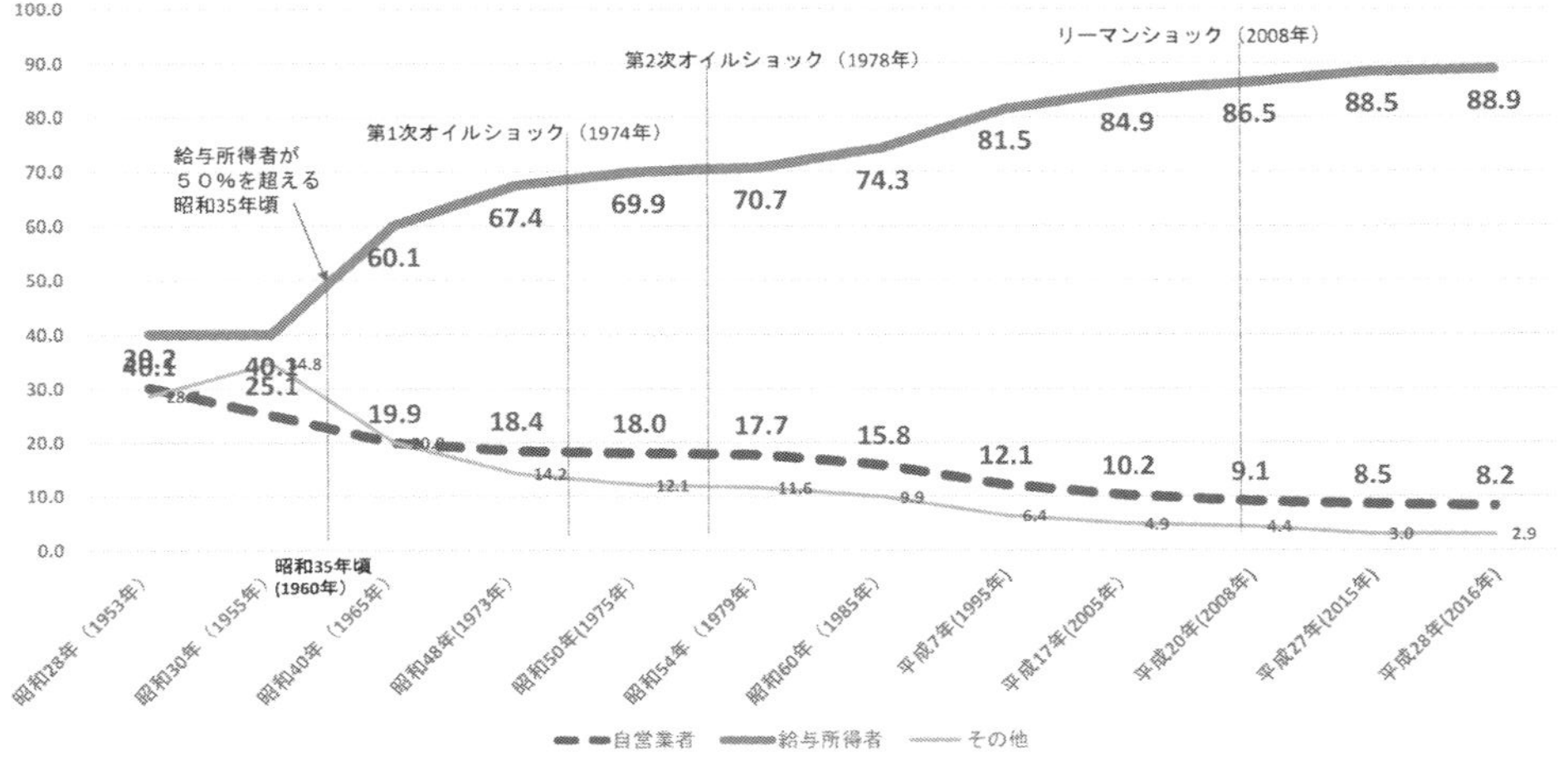

出典：総務省統計局「労働力」

には、サラリーマンとそれ以外の比率は50対50でした。これが理想的なバランスかもしれません。ところが、現在は、働いている人々のほぼ十人中九人、90％近くは給与所得者、いわゆるサラリーマンです。自営事業者は十人中一人に満たない状況になってしまいました。日本はほぼ完全にサラリーマン社会に変貌してしまったといえるのです。

お金を借りようとする企業家は戦死状態

そこに来て、日本では、経営者までもサラリーマン化してしまったのです。〝株主〟から四半期ごとの利益決算を出せと言われたら、そうならざるを得ないのかもしれませんが、かくしてサラリーマン経営者、特にホワイトカラー経営者が増え、長期のリスクを抱えて新規事業やイノベーションに勇気をもって挑戦する経営者は減る一方にあります。

リスクを取って、長期的な投資をしようと言っても、一年後どうなるかわからない世界で、そんなリスクは取れない、というのがサラリーマン経営者の言い分ですが、このまま放っておくと、銀行からお金を借りて新規事業を始める事業家は、太平洋に落ちたダイヤの指輪を探すぐらい難しくなってくるかもしれないと考えるのは大袈裟でしょうか。銀行マンもリスクの高い中小企業、零細企業の経営者にお金を貸すより、マイナス金利でも日銀当座預金に預けた方がリスクが少ないといいます。そうして、お金を借りて新規事業を始めようとするやる気のある企業家は、バブル崩壊とリーマンショックでほとんど戦死状態になって消えてしまい、生き残った企業家は石橋を叩いても渡らない、リスクは一切取らない慎重派のみになってしまったのです。

また、この三十年ほどは、中小零細企業から貸し剝がしの経験のある銀行マンはいますが、お金が必要な中小零細企業に積極的に融資をした経験のある目利きの銀行マンは育っていないと言われています。高度成長期に融資を担当していた人を再雇用して現場に回したらどうかという冗談のような案を銀行役員ＯＢから聞いたこともあります。いまはどうであるか分かりませんが、一時《いっとき》大手銀行マンは、お客様に対して「他に行っても同じですよ」が口癖でした。

このままだと、お金を借りるお客様が少なくなり、徳政令ぐらいなことでもやらない限り、銀行業務が成り立たなくなりかねないと思うのは、考えすぎでしょうか。徳政令で借金を棒引きにすれば、身軽になった企業家は、新しいことを始めるかもしれません。

働く人の75％は中小零細企業で

日本では、中小および零細企業者の数が全企業の99％で、そこで働く人は全体の労働人口の約75％です。（中小企業庁「二〇一七年版　中小企業白書」による）大多数の人は、大企業で働いているわけではないのです。この75％の層の人々にお金が充分に回らなければ、日本の消費や総需要、さらには景気は、本格的には上向きにならないのです。しかし、この中小零細企業主は、現在円安による「輸入原材料価格」や「輸入食料」の値上がりで大手企業からの納入価格の下げ要求に苦しめられ、お金を借りて次の仕事に投資する気分にはなれないでいます。輸出大手企業は「水膨れ益」をもたらされているにもかかわらず、です。

一方、リストラ（人員削減）をせざるを得ない大手企業もこの三十年で目立ちました。アメリカでは、一人リストラされると五百人が物を買わなくなるといわれています。日本人は、貯蓄性向が強いので、一人リストラされると五千人ぐらいが影響を受けて、物を買わなくなるかもしれません。とてもお金を借りて、新しいことをやる気分にはなれないのです。いわゆる「デフレマインド」に冒されてしまったのです。

3．教育の問題――「教育」から「啓育」へ

大学生の3人に1人は「自殺を考えたことがある」

さかのぼれば二〇一二年のことですが、われわれグループダイナミックス研究所が武蔵大学の荒木義修教授と共同で、都内や大阪府、奈良県の私立大学を中心とした大学生２１６６人を対象にアンケートをとった結果、ショッキングなデータが出てきました。「今までの人生で自殺をしたいと思ったことがある」の質問に、「そう思う」と「ややそう思う」が合わせて32％あり、「普段やる気がなくなることがある」の問いかけにも、80％の学生が肯定したのです。

また、さらにさかのぼれば、二〇〇二年の日本青少年研究所によるデータなのですが、日・米・中の高校生に対する意識調査の結果、「自分はダメな人間である」と思う生徒の割合が、日本では73％にのぼり、アメリカ（48％）、中国（37％）に比べて格段に高いことがわかりました。

この調査は、高校生が抱えている不安や将来への希望を分析することを目的に日米中の高校生それぞれ1000人前後から得た回答をもとにしていますが、それによると、「自分は他人に劣らず価値のある人間である」と答えた生徒は、アメリカ89％、中国96％で、双方とも大多数が自分の可能性を信じているのに対し、日本はわずか38％。「自分には人並みの能力がある」と答えたのも、アメリカ91％、中国94％に対し、日本は58％にとどまったということです。

また、二〇一二年に文部科学省が公表した「高校生を取り巻く状況」のまとめにも、「私は価値がある人間だと思う」と回答したのは、日本の36・1％に対して、アメリカは89・1％、中国87・7％、韓国75・1％となっており、いずれも日本の高校生がいかに「自己肯定感」を持てないでいるかが浮き彫りになっています。

以上のデータをとった時点での高校生、大学生は、二〇二〇年の現在ではおそらく、それぞれの企業、あるいは組織に入って「若手」として働いているはずですが、これらの数値が語る事柄に触れて、日本の「教育」の問題点の本質が見えてきます。

そのことを考えるにあたって、少々回り道になりますが、時代を明治維新のあたりまで遡ってみたいと思います。

日本が「鎖国」から「開国」への基本戦略を転換した明治維新では、「人づくりと人間成長」

に関わる伝統の思想の中核に〈志〉の概念はしっかりと根をはり、日本人の意欲と倫理観を支え、その概念は継承されていました。

幕末において、幕府官学の最期の代表となった林羅山の流れを汲む儒学者の佐藤一斉は、正当とされた朱子学に固執せず、異端視されていた陽明学に学ぶところが多くあるとしたため、『陽朱陰王』（表向きは朱子学だが、実際は王陽明の信奉者）と噂された人物でしたが、彼は『言志四録』を通して、〈志〉を後世に伝えようとしました。

また〈志〉をもつ多くの後進を育成した内村鑑三は、日本の文化に育まれてきた思想の普遍性を世界に知らしめようと英文で書いた《Japan and Japanese》（日本語訳『代表的日本人』岩波文庫）において、〈志〉のある人物を欧米諸国に紹介することによって、洋の東西の文化の相違を超えた普遍性のあるリーダーの価値を説いたのです。

このように、日本人は数千年の歳月をかけて、永遠かつ普遍なるものとして〈志〉を尊ぶ精神を、伝統的な「価値観」として根づかせてきたのです。

相手を思うささやかな気持ちを、私たちは「寸志」と呼びます。基本的には「一定の方向へと向かう志向性を持つ心のはたらき」が「こころざし」であり、平安朝の昔はもっぱら「特定の相手に対する好意や愛情」などの意味で使われてきました。

ところが漢字の「志」の訓読みに「こころざし」が当てられるようになってからは、次第に「心中である目標を定めること」という、より高次な「目的意識」を持つ精神作用を指す用法へと移り変わってきたのです。この「目的意識」は、単なる目標達成機能（合目的律）を指すのではなく、新しい目標を形成する目標創造能力（創目的律）を意味し、より高い価値のある目的を創り出していく精神エネルギーを指します。

そして、これがいま、日本の〝教育〟の基本から失われているのです。

ボタンの掛け違い

その最初のボタンの掛け違いは、明治政府の教育方針の中に発見できます。それはなにかというと、「教育」と「学問」を分離したことです。

当時、初代文部大臣森有礼は、先進欧米諸国の技術に追い着くことを目指し、その前提として国民の教育水準を上げるため、段階を追って知識を教え込んで行く画一的な方法論をとりました。つまり、「ものを考えること」よりも「ものを知ること」を優先し、「問いを学ぶ」学問は後でよいとする「教育と学問の分離」を推し進めたのです。（『近代日本教育制度史』中島太郎

著、岩崎書店）

この考えに真っ向から反対の立場をとった福沢諭吉は、自分で考え、自分で判断し、行動できる人づくりによって、日本民族の独立を達成しようとしました。福沢諭吉は、子どもの頃から問いを学ぶ『学問』を啓蒙し、好奇心と探究心をもってものごとを観察し、そうした心構えに裏付けられた合理的な批判精神を養うことを人づくりの目的としたのです。

結果は、森有礼の分離論が日本の国の人づくりの基本方針となり、福沢諭吉の考え方は退けられました。この判断ミスがなければ、第二次世界大戦への参戦とその敗戦、更には現在の経済敗戦といえるような状態を前もって上手に回避できる有能なリーダーと賢明な国民を育てることが出来たのです。そして、いま頃は日本人はその潜在能力をフルに発揮して、世界でリーダーシップをとっていたことでしょう。私はこれまでに失われた日本人の潜在能力の総量を考えると、背筋が寒くなる思いがします。

「教育」は翻訳ミス

加えて明治政府になったその当時、もう一つの大きな間違いを、日本は犯してしまいました。

その間違いは、戦後も正されないまま現在に至っているといえます。

それは「教育」ということばの翻訳ミスです。

いまの日本人に「教育」ということばの英語訳を聞くと、必ず〝Education〟と答えて疑いません。また、英語の〝Education〟は何と訳すかと聞くと、「教育」と答えるでしょう。

〝Education〟とはラテン語に語源をもつ、〝Ex〟（Out of）と〝Ducere（Lead）、〝Ductum〟（過去分詞）の合成されたことばで、その人の持っている力をリードして引き出す、すなわち人間の潜在的な力――Human potentialを引き出すという意味なのです。

仮に「食事に行きましょう」を〝Let's go drinking〟と訳したらどういうことになるでしょう。また、「飲みに行きましょう」ということばを〝Let's go eating〟と訳してしまったらどうでしょうか。

実はこれと同じような誤りが、「教育」と〝Education〟の間に起きているのです。

すなわち「教育」は〝Education〟ではなく、〝Teaching〟と訳すべきであり、〝Education〟と訳したのでは、ことばの内包している範囲から逸脱してしまうのです。

では〝Education〟は何と訳したらよいでしょう？　『言志四録』の現代語訳者、川上正光（一九一二―九六年　元東京工業大学長）は、〝Education〟を「啓育」と訳しています。

川上正光は、『独創の精神』（共立出版）の中で次のように述べています。

「Educationを『教育』と大誤訳し、教育にすり替えてしまったのは致命的な失敗である。教育は"Teaching"に該当し、教えることで、才能を引き出す"Educate"とは完全に逆の操作である。したがって、わが国では教えるだけで、"Educate"は一切していないと言っても過言ではなさそうである。教えるということは、他人の頭を利用して考えさせることで、これでは自分で考える力の養成にはならない」

"Education"はむしろ「啓発」とか「開智」に近い概念で、自らの力で自発的にものごとの道理を明ら

Teaching－Learning型とEducation－Study型の比較

パターン		I	II
志向性		知識の蓄積	創造力の開発
学校の立場	操作	Teaching　教育	Education　啓育
	目的	考える	才能をひき出す
学生の立場	操作	Learning　教育	Study　考究
	目的	覚える	掘り下げて考える
特徴	①	既成の枠内にいる	枠外に出て自由に考える
	②	物知りで模倣が上手	独創力を養える
	③	類題の解き屋に終わる	発明・発見をする

かにして行く好奇心と探究心に力点が置かれています。

教育は、人から教わるということで、他動的な力が働く意味合いを強く含んでいます。こうした他動的な力に依存する学習では内発的な意欲が生まれにくく、この「教育」に力点が置かれた人づくり方針によって、〈志〉が風化し始めたのです。なぜなら〈志〉の概念は、内発的な意欲という土壌の元にのみ芽を出し、育っていくものだからです。

〈志〉は「啓育」によって育まれますが、「教育」によってかえって風化していきます。これは〈志〉ということばの使われ方にも現れています。われわれは「学問に志す」とは言いますが、「教育に志す」とはあまり言いません。無意識のうちに、日本人は〈志〉ということばの意味をまだ正確に捉え、使い分けていることが幸いです。

しかし戦後、この〈志〉の風化現象に更に拍車をかけたものがあります。それは「偏差値教育」です。

偏差値教育の弊害

なぜ、人は生きるのか。生かされているのか。自分にとって社会や組織とは何を意味するのか。人生で自分は何をしたいのか。そのためには何ができるのか。自分はいま何をなさねばならないのか――。日本の戦後教育では、こうした生き方や人間の探求に関する思考を訓練する機会がなくなっています。その結果、目先の利益と楽しみのみを追求する習慣が身につき、〈志〉、気概、善美なる目標、責任感や使命感が日本社会から急速に失われています。〈志〉が喪失すれば、歴史的展望に基づいて大局的にものごとを観察し判断することができなくなります。現代の〈志〉や夢の喪失の原因は、実は戦後の偏差値中心の教育の中にあると言えます。

偏差値教育の弊害には、まず第一にチャレンジ精神の欠如、第二に目標の短期化、第三に思考力の低下、第四に人間関係のフロー化、第五に心の空洞化、第六に企業家精神の喪失など、主な問題点が六つ考えられます。その内容を以下に検討してみます。

①チャレンジ精神の欠如

偏差値教育は、自分の能力をどこに位置づけるかによって、人生そのものを方向づけてしまいます。いわば位置づけの技術ともいえます。高ければ高いなりに、低ければ低いなりにその地位に安定します。したがってそこには、枠組みそのものを変えていこうとする改革の発想や行動力が生まれません。

②目標の短期化

偏差値教育では、とりあえず目先の目標（中学・高校・大学受験や就職等）をクリアするという発想のため、目標が短期化します。そのため目標に対する大局観や使命感が失われ、〈志〉の喪失を招くのです。

③思考力の低下

常に知識のインプットだけで創造的なアウトプットがないため、情報がフロー化する傾向にあります。つまり、情報に反応しているだけで情報を自分の中で再構築し、創造的にアウトプットしていく思考能力が働かなくなり、独創力が失われます。更に、思考能力が低下するということは、価値観も劣性化して思考のソフトの質が落ちてしまうことにつながります。ちょうど映像表現のテレビ番組のみを見ていると、思考の組み立てがおろそかになっていくこととパラレルです。

④人間関係のフロー化

追いつけ追い越せの競争の中で人間関係が薄れ、学生はお互いのプライバシーには触れず、なるべく関係しないという傾向が強くなります。学生の人間関係が表面的になれば、相互啓発・切磋琢磨しながらお互いの関係を深め、向上させ、高め合っていくことが行われなくなってしまいます。

⑤心の空洞化

偏差値教育は、アメとムチによる外的意欲のインセンティブ（刺激）中心でやる気を起こすため、内的意欲による自発的な心構えが確立しにくいきらいがあります。それが心の空洞化、ひいては目標創造の劣性化や〈志〉の喪失に結びつきます。

また、"Learning from"（から学ぶ）より、"Learning about"（について学ぶ）に学習の中心が置かれているために、本来人間が成熟していくプロセスで身につけなければならない忍耐力、信頼、勇気、自信、正直、愛、信念といった心構えを十分理解しないまま、受験勉強の中で成長していくことになります。そのため心の空洞化が起き、結局それが日本の若者の幼児化現象として現れるのです。心の筋肉は脆くなり、精神的筋肉も弱くなって、挫折回復力が低下し衝動的な言動が多くなります。

⑥企業家精神の喪失

企業の経営スタイルは、官僚的（Bureaucratic）な経営スタイルと企業家（Entrepreneur）的な経営スタイルの二つに分けられます。（P31「E–Bスケールとは何か」参照）偏差値教育では、良い成績を取れば良いのであり、どれだけ有益なことを学んだかは直接関係がなくなります。

偏差値の枠の中で自分の位置づけをするため、それ以上のリスクは取らない官僚的な経営スタイルに傾く人財を潜在的に育てます。したがって、リスクを取る企業家精神のある人間は育たなくなり、〝生きる力〟も失われがちです。さらにサラリーマン化していく社会がその傾向を加速します。

重要なことは、この偏差値教育を受けた層はいま、すでに社会人として、あるいは管理者として、日本のリーダーシップをとる地位を占めるようになっていることです。そして、偏差値的発想でものごとを判断し、行動する傾向を生んでいます。その結果、本質を洞察する力を欠く言動が多くなり、企業の人財育成を担当する能力開発部署のスタッフですらも、目先の効果と「受けの良さ」の研修のみに目を奪われ、新しい時代を担う人づくりに手を抜く傾向が現れています。

さらに問題の本質は、これまでに見てきた諸々のエレメントが融合して、企業のなかで、また社会の中で「人づくり」に対する意識が弱くなり、加えて業績の悪化と短期的な観点から、もっともコストダウンしやすい「人づくり」にしわ寄せが来ていることです。

二〇二〇年一月二十日、日本経済新聞に「断絶つなぐ再教育急げ」という見出しの記事が掲載されました。その記事には、〈世界に遅れる日本の人材投資〉というかなり如実なデータが

世界に遅れる日本の人材投資

人的投資の GDP 比（OJT 除く）

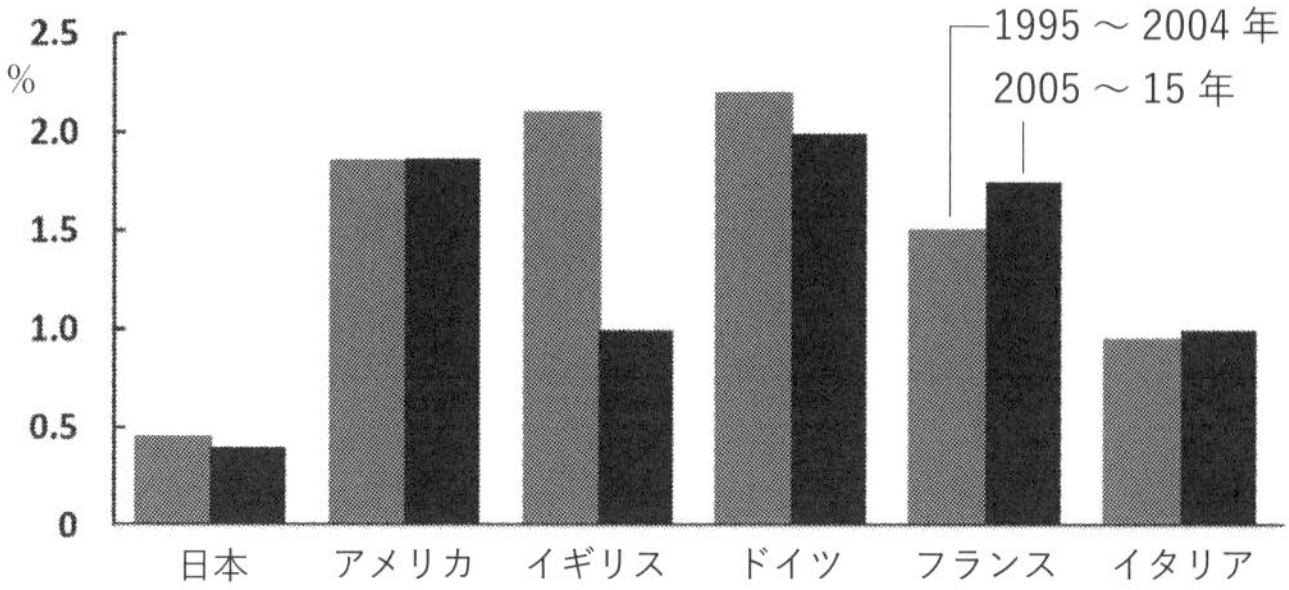

（出所）JIP データベース（学習院大の宮川教授、滝澤准教授）、INTAN-Invest data

添えられています。（上図）そして記事にはこうあります。

戦後の日本は資源がなく「人材だけが資産」といわれてきた。だが、人材への投資はバブル期をピークに細っていた。学習院大の宮川努教授と滝澤美帆准教授の分析では、日本企業の国内総生産（GDP）に対する人的投資の比率は、15年までの年平均が0・4％弱にとどまり、他国に大きく見劣りする。

非正規雇用の比率が高まり、教育訓練を受けない人が増えたことが影響している可能性がある。特に非正規比率が高い「非製造業で人への投資の減少が目立つ」（宮川氏）という。教育を軽んじてきたことは、デジタル化への対応が遅れた原因だろう。

なお、この記事は以下のように結ばれています。「社内人材の能力を磨き、成長基盤を固める——。人づくりの大競争こそが日本経済を復活に導く王道になる。」

「人づくりの手抜きが国を滅ぼす」。少々煽情的にも思えるフレーズをこの章のタイトルに掲げましたが、それは決して大袈裟なことではないのです。

第二章　自己確立と想像力の重要性

1．企業における組織と個人のありようの変化

ご承知の通り、戦後日本は大きな成長を遂げ、今日に至る豊かな経済状況をもたらしてきました。ところが、皆が一様に同じ目標に向かって前進を続け、それなりの向上が得られていた時代には表面化されなかったさまざまな問題が、ここにきて次々と顕在化されています。とりわけ日本企業における組織と個人の問題は大きく、部分的な対処療法では解決できない段階にまできています。

あらためてまず、日本を成長させ、大きな繁栄をもたらしたエネルギーとは何だったのか考えてみましょう。

戦後日本とは究極のところ、経済復興ひとすじに進んだ時代でした。そこでの主役を担った

のは企業です。そして企業に与えられた最大の課題は、まず国内の競争に勝つことであり、それから輸出競争に勝つことでした。敗戦によってにわかに失われたかに見えた国家目標が、経済復興という装いも新たな企業目標を包み込み、その枠組みの中で展開された激しい企業間競争が、大きな繁栄をもたらすことになったのです。

その企業のなかにあって個々の社員を動かしていたのは、企業に対する日本人独特の責任感であり、企業側からそれに応えるのは主として年功による評価と処遇でした。各企業では企業目的や経営理念が社員に提示され、熾烈な集団競争に倫理的な彩りを添えて社員を鼓舞しました。

他の先進国においては、このように企業目的が社員を集団的に動機づけしていったという例はあまり見られません。それよりも組織の意思決定への参加や仕事を通じての自己実現が動機の主たるもので、そこから個人目標と企業目標をどう結びつけるかというところが重要な関心事となっています。

戦後日本においては、目標が国、企業、個人と体系的に結ばれ、より一元的であり、集団的かつ精神的になっていました。そしてそこにおいては個人の生活意識は未来志向型でありえました。つまり現在はある程度我慢しても、計画を立て着実に豊かな生活を築いていこうという意識です。

ところが今日に至り、この傾向は大きく変わってきました。未来を目標に置き、日々の生活はそれへの努力の積み重ねである、という考え方から、まず現在の生活を中心に考え、人との出会いを大切にし、日々に満足して完結していこうという考え方への転換です。これは個人の生活がそこまで豊かになったことの証しともいえますが、企業にとっては、これまで顕在化しなかった問題、企業目的と個人目標の乖離が表面化することにもつながってきました。

人々が真に自分のエネルギーを投入できるのは、自らが選んだ目標に向かって生きるとき以外にはありません。ところが現代では、幼児期から与えられた目標がいかに多いことでしょう。与えられた目標に対しては、外目からはいかに没入しているように見えても、実は自分をすっかり失っていることが多いのです。これは子供たちだけに限ったことではありません。企業に勤めるサラリーマンが自己喪失に気づいたとき、本人および家庭の混迷は悲劇的様相を呈することでしょう。何はともあれ、まず目標を自分のものにするところから出発しなければならないのです。

現在、社員を方向づけてきた、短期の利益を最大限に達成しようとする集団目標は、急速に色あせ、魅力を失いつつあります。新しい生きがいを感じさせる集団目標は形成されないまま、

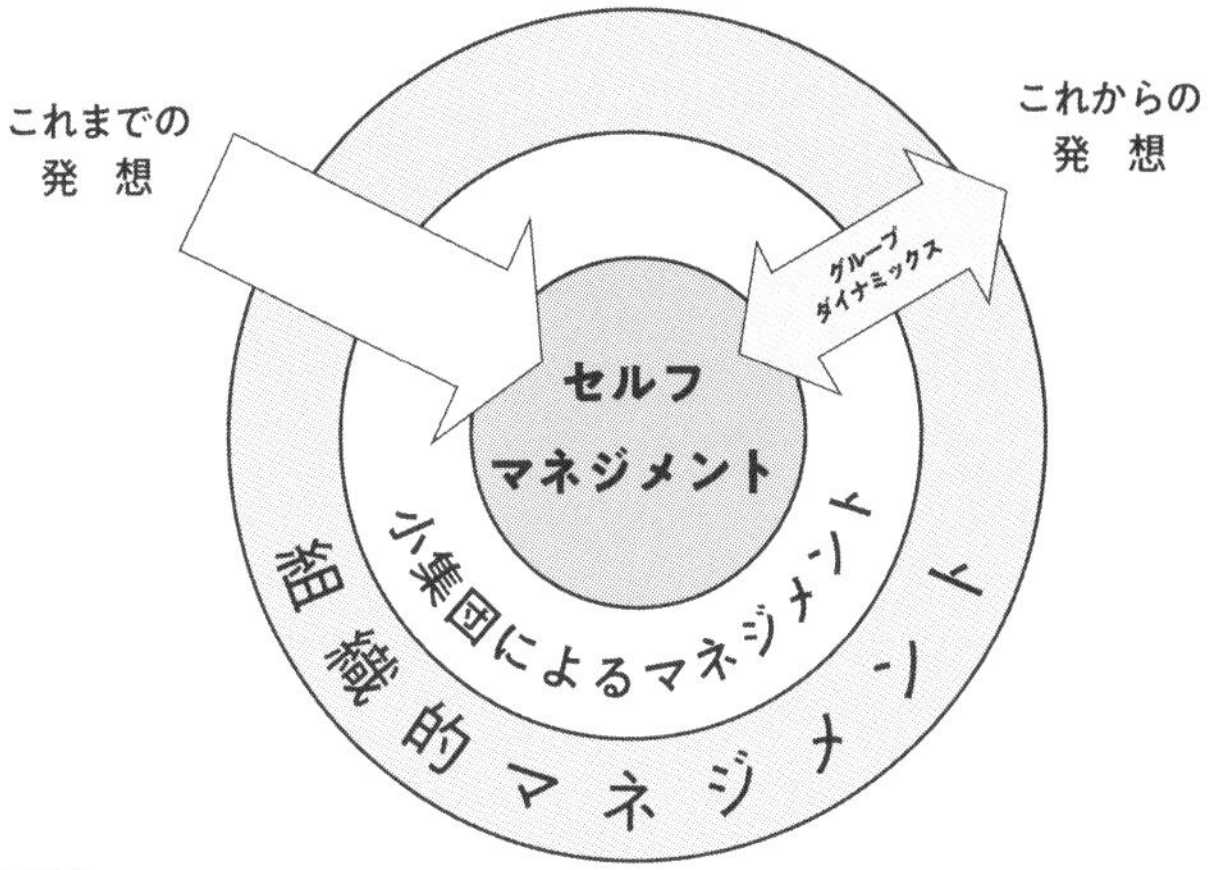

〈図１〉

企業は苦境を場当たり的に乗り切ることに懸命です。

今後、企業は組織を結束させる新たな目標や目的をどう創出して行くのでしょうか？　それには働き方だけでなく、個々人の内面から形成されるべき人生目標や生きがいと〈志〉との結びつきで考えてみる必要があります。

〈図１〉では、マネジメントにおける「これまでの発想」と「これからの発想」の違いをヴィジュアル化してみました。これまでは組織による包括的なマネジメントが先行し、それが最小単位の集団（部・課）におけるマネジメントに下りて、最終的に個人の行動を律するという上意下達の構図でしたが、組織と個人の関係が変りつつある現在においては、その構図はえてして実情と乖離し、あるいはその形骸がかえって組織と個人のダイナミックな関係を疎外してしまうという矛盾に陥りがちです。これからの発想はそうではなく、まず個人の「自己確立」がもっとも大切な前提としてあり、その「セルフマネジメント」と組織との間に、自由闊達な対話による「グループダイナミックス（グループ力学）」が働いて双方を活性化させる、というイメージです。

それによって組織と個人の信頼関係は〈図2〉のように再構築されるべきです。まず、個人においては「企業人としての命題」と「生活人としての命題」が表裏一体のものとしてあります。前者では自社の仕事や専門家としてのあり方に誇りを持ち、それが企業社会人の働きがいとなって自己を支えています。一方後者では生活者としての生きがい、それは家庭において、地域社会などにおいての個人的な充足、あるいは教養や趣味を通じての自己実現などを求める存在としてあります。その個人が組織と対峙する時にどういう関係を切り結ぶことができるか。それにはまず、組織にも〈人格〉があることを認識しなければなりません。企業はまず営利を求める存在としてありながら、顧客や株主、そして従業員に対して貢献すべき〈組織人格〉を有するものとしてあります。そして個人の人格と組織の人格とのつながりは、まず基本に信頼関係がなければ成り立ちません。それがあってこそ、個人は組織に、また組織は個人に対して、双方向のロイヤリティ（忠誠心）が生まれるのです。

組織と個人の信頼関係再構築

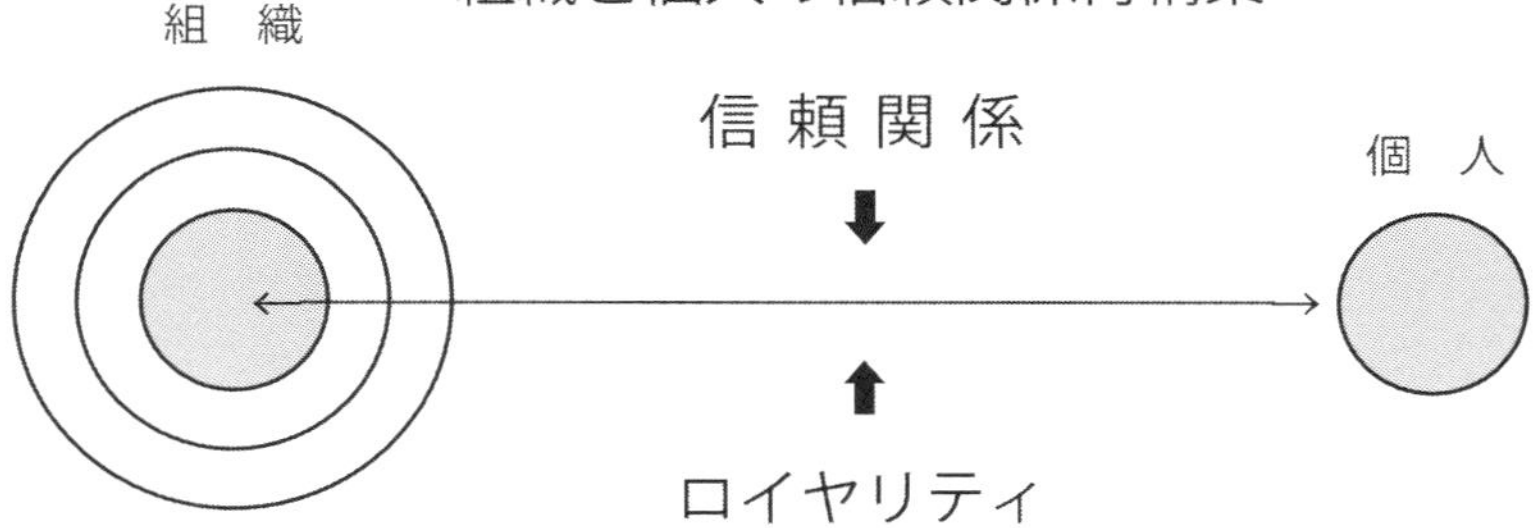

組　織		個　人		
企業の命題 （組織人格） 自社の利益追求 （企業は法人人格で営利組織） （顧客・株主・従業員・経営者・社会・環境への貢献のあり方）	関係	企業人としての命題 （企業社会人） 企業人としての働きがい （自社の仕事や専門家としてのあり方）	関係	生活人としての命題 （一般社会人） 生活者としての生きがい （健康・家庭・教養・精神・社会・地域社会などでのあり方）

〈図２〉

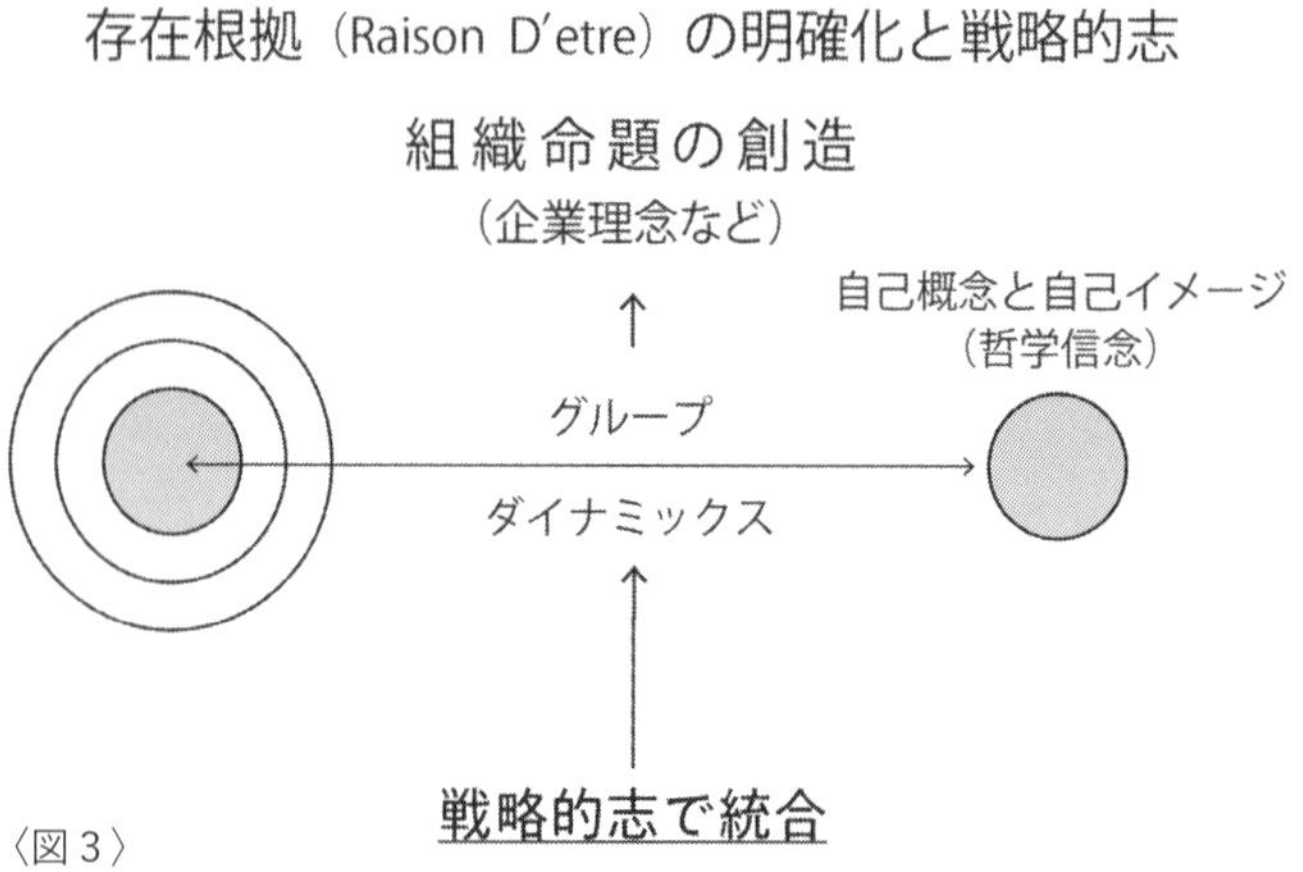

〈図3〉

〈図3〉においては、組織と個人の「存在根拠（Raison d' etre）」を明確にした上で、それらを「戦略的志」（グループダイナミックス）で統合し、組織命題（企業理念等）の創造に向う構図を示しています。そこではまず、組織を構成する個人の「自己概念と自己イメージ」が「哲学信念」として確立していることが肝要なのです。

2. 自己と外部とのかかわり合い

かつてキリンビールの人事部長を務め、われわれが開発したプログラム「AIA・心のアドベンチャー」をキリンビール工場に導入された太憲《ふとり》一郎氏によると、人は、自分というものの存在価値を何かで確かめながら生きる意味を発見しなくてはならないものだ、ということです[*1]。

確かに自己の一貫性を得るには、外部にある何かとの不断のかかわり合いが必要です。たとえば家族や職場の人間関係のなかで自分を位置づけようとした場合、それにふさわしい行動をとり、それが周囲に受け容れられてはじめて、自分の存在、自己確立感が得られる、というように。

しかし、このとき確かめられた自分というものは、内部に抱いた真実の自己とは必ずしも一致しません。その場合の適応の仕方の多くは、内的な自己を抑えて無理矢理周囲に適応するか、タテマエとホンネを区別して使い分けるか、そのいずれかです。

　適応の仕方にもうひとつ、自分を変えるという方法があります。それは内的自己との不一致の場合だけでなく、状況が変わって自分のまわりの人間関係がまったく異なってしまったときなど、たとえば転職であったり、転校であったりの場合には、自分を変えざるを得ません。そのとき、自己が希薄で外部との関わりも薄い人にとっては、その変容は苦もないことでしょう。けれども自我意識が強い人、人間的な振れ幅が大きい人にとってみればその変容には大変なエネルギーが必要になります。逆に言うと、真の自己改革というものは、人間的な苦悩と創造的な喜びをともなった過程で生まれるということなのです。

　一方、自己と何らかとが、一元的な形で結びついてしまうこともあります。たとえば、親への依存度が異様に高かったり、モーレツな仕事人間であったり、受験だけを目指した学校生活を送ってきたような人に、この傾向が多く見られます。一貫した自己を保つには、このかかわり合いが変化しないうちはいいのですが、状況は刻々と変わるものです。その変化が一気にきたとき、一元的なかかわり合いではもう対応しきれなくなってしまいます。成績が下がり出す、仕事がうまくいかない、あるいは親の死など、唯一のかかわり合いが崩壊すると、自分をすっかり見失ってしまうことになります。むしろこの自己喪失の危機にこそ、一元的関係からの脱却と、本来の自己を取り戻す契機があるのかもしれませんが。

一元的なかかわり合いは環境適応上危険であるばかりではなく、手段を目的化してしまう恐れもあります。特に日本は本来、集団的にそういった傾向をもちやすい国です。一例をいえば、太平洋戦争の戦い方にしても、戦争の大局よりも個々の局地戦に勝つことが目的化し、些末な軍規を墨守させることが目的となってしまいました。そして気がついた時には敵の手は本土まで伸び、補給が断たれた局地は孤立していたのです。あるいは戦後の国際競争においても、輸出競争そのものを目的化したがために、同盟国や隣国から孤立する場面が多々ありました。

手段は目的のためにあり、状況に応じて可変的であるべきものです。しかしこの柔軟性は、集団のなかに埋没した個人や、何かにベッタリはりついた個人からは出てきません。

われわれは個性や主体性が未確立のまま、埋没・ベッタリ型で今日まできてしまったのではないでしょうか。「異常な状況においては異常な反応がまさに正常な行動である」とヴィクトール・フランクル（一九〇五―九七年　オーストリアの精神科医。『夜と霧』の著者）は言いました。今日の神経症的現象は、正常な心の未来へ向かってのもだえであるのかもしれません。

＊1　『意欲啓発で経営の明日を拓け』太憲一郎著・日本能率協会・一九七九年刊

3. 自己確立と創造力

新しい人間の問題への対応は、機械の修理のように部分的に手をいれて、旧状に修復するようなアプローチをとることはできません。あくまで現状を前提に、そこで問題となっている動きを逆にエネルギーと化し、そこから新しい文化を創造していくようなアプローチが必要なのです。

基本的な視点は、次の三つです。

第一には、そのアプローチは個々人の生きがいを向上させる方向にあること。

第二に企業および社会全体の活力を増進させるものであること。

そして第三には、個人、企業、社会ともに創造性を高める方向にあることです。

私たちは子どものころから多くの集団に属しながら今日まできました。家族も一つの集団とするならば、人間の一生は集団をわたり歩くプロセスであるといってよいでしょう。そして、それぞれの集団にどう適応していくかが、一人ひとりの大切な関心事です。

なかでも重要なのは企業という集団です。個人が確立していない日本人にとって、生活を丸ごと面倒みてくれる企業の存在は、安心して身をまかせておけるほとんど唯一の集団でした。しかし不動のものであったはずのこの企業も現在、信頼に値するものであるとは到底言えません。

そもそも、不動の集団などはあろうはずがないのです。それぞれの集団は、その時々のニーズによって変容を繰り返し、解体、再編を重ねていくものです。もし頼れるものがあるとすれば、それは自分のなかにしかないことをこれからの企業人は知らなければなりません。

そして企業の側から人間をみた場合、「企業にとっての自分」という発想から抜けられない人々は、一見、組織に有用にみえて実はお荷物になりかねない存在なのです。企業への忠誠心は依存心と表裏の関係であることが多く、企業に対する貢献意識がかえって企業からの見返りを期待して定着してしまう、いわゆる会社べったりの安住型を作り出してしまいかねません。

言うまでもなく、企業は利益追求を第一義とした集団です。したがって本来が機能志向であり、人間志向ではありません。日本ではこれまでは、いわゆる「生きがい」や「温情主義」を日本的伝統とうたって企業のなかに育てることで、機能主義の行き過ぎをカバーし、バランスを保ってきました。

ところがこの長期不況にあっては「生きがい」も企業の安定を前提としており、いままでの「温情主義」は責任の所在が不明確であるから個人主義を徹底すべきだとの身も蓋もない主張が顕在化しています。それは言うなれば企業が本来の姿に戻っているということかもしれません。

しかし、個人の生きがいに充足感を与えることを考えない機能志向は、効率の追求にはなるかもしれませんが、創造力を発揮するという面から考えると失うものがたいへん大きいと言わざるを得ません。というのも、創造力というのはすぐれて人間的な働きなのです。人間本来の創造力は、自分が仕事に使われているのではなく、自分が仕事を営んでいるという意識が生じてこなければ現れないものです。

与えられた現実にただ順応し、対応することにのみ懸命な姿勢は、現状の自己を超えて、仕事のなかで創造力を発揮するようなエネルギーを生まないのです。これは長期的に見れば変化に対する適応力を失わせる結果にもなり、企業にとってはきわめて致命的なことです。確かに、効率と革新のバランスは求められなければなりませんが、そのためには人間と企業とのつながりを、人間の側から考えるアプローチが必要となってくるのです。

そもそも未来は不確実なものですが、とはいえ仔細に考えればかなり予測可能な部分もあります。そこを基礎とすれば、われわれの力で変えうる部分は、実はかなり大きいのです。必要なのは、変えることのできないことはそのまま受け容れ、変えることができる部分については変えていく勇気と柔軟性なのです。

未来は前もってその形が決められているわけではありません。そのほとんどが今後のわれわれの行動によって決定されるものであるべきことを、まず知らなければなりません。けれども現状は、変えることのできないものにばかり心を奪われ、変えることのできることまで手付かずに放置していることの方が多いのです。

これは企業のあり方のみならず、企業を構成している一人ひとりの姿勢の問題でもあります。つまり個人が〈志〉を持たなければ、集団としての姿勢も形成されるはずがないのです。一人ひとりの自己確立感が喪失されているようでは、組織としてもアイデンティティーを確立しようがないのです。

それでは、自分以外のものへの依存や執着を持たずに、自己確立感をもつにはどうすればよいでしょうか。それには環境がどんなに不確実になってもそれに対応できる心構えを自分のなかに養っておくこと、またいかなる場合でも自分の内心の声に従って自らの意思決定を行える人間であればいいのです。

が、しかしまた人間は孤立しては存在しえないものでもあります。たえず周囲との関係のなかにあり、状況や集団との相関関係のバランスにおいて、自らの位置付けを明らかにし、その関係性のなかで新しい自己像を形成していくことが必要になります。

言い換えればこれは、周囲に対する心構えの改革ということです。自分の持てる力を正確に把握し、状況に応じてその能力をどこに向けて動員したらいいか、その「方向づけ」を行うことです。

いまは企業のニーズに従って、能力向上策としてさまざまなスキルを中心とした企業内研修が個人に提供されています。それらは企業側にとっては統合性があり、体系化されたものかもしれませんが、個人の側からみればバラバラな受け止め方に終わってしまうことが多いのではないでしょうか。そのままでは能力の方向付けが得られず、いわゆる宝の持ち腐れになってしまいます。

本来の企業内「啓育」とは、能力を発揮すべき個々人の生きた原点に立って、能力の統合化と方向付けを必要とするものです。このアプローチを欠いたものは、真の実践力にはつながりません。企業や社会の一員として、そして家族の一員としてもそれぞれが自分の生きる目的を考え、目標を立てて、自分の持てる力をどこに向けて使うかということに真剣に取り組むこと。それが自己確立感を獲得する最善の道であり、また企業目的と個人目標を調和させる唯一の道なのです。

4. 忍耐力と他者との関係

自己の確立とは、すなわち自分を大切にするということです。それは同時に、やはり自己をもった他者を大切にすることにもつながります。それは人間同士の信頼感の基礎になるものです。言うなれば現代人が自己確立感を持てないということは、他者への不信につながり、不安に満ちた人間関係を生み出してもいるのです。

他人の言動にイライラする大人が多く、子どもに対してもうるさく口出しするか、まったくの無関心になるか、どちらかの姿勢をとる親たちが増えています。相手を信じ、期待をもって見守っていくという「啓育」の基本的心構えがとれなくなっているのです。もしかしたら現代は「忍耐喪失の時代」として特徴づけられるかもしれません。

忍耐とは、状況に対して、あるいは人間関係に対して、自分の欲求や感情の表出をある時間保留する、「意思決定に耐える力」です。それは寛容とは異なります。寛容とは人間の過失を取り上げないことで、それは未来に対してよくなることを期待しているわけではなく、一種のあきらめともいえます。

一方、忍耐は明らかに未来に対して期待をもっています。今よりはよくなると思うからこそ、人は待つことができるのです。それは単なる我慢や抑圧とは異なり、期待に支えられた積極的意思なのです。

堪え性のない、イライラ病患者ばかりを多数抱えた今日の社会では、物事の判断を大きく狂わせる危険性があり、人間関係をも不必要に混乱させています。これが悪循環となり、大きな社会的不安を形成してしまうことにもなりかねません。どこかでそれを断ち切る必要がありま す。

忍耐はひとつの心の習慣であり、それは自己確立への道でもあります。初めは負担に思ってもやがて心にゆとりが生じたとき、他者を、未来を信ずる喜びが生まれていくはずです。

また、人は自己確立感の手応えを重ねていくうちに、人間同士が共感する喜びに気がついてくるものです。行動が主体的であればあるほど、その達成の喜びを分かち合いたい気持ちが一層高まっていきます。それと同時に今まで自立的に行動していたように思っていた自分自身が、実に多くの人々の援助と理解の上に支えられていたことに気づき、感謝の気持ちを抱くようになります。そういう意味では、「自立的であること」と「共感すること」は正反対のように見えて、実は密接な関係があるのです。

企業はこれからも一層、能力主義を強めていくでしょう。そのとき、能力の発揮は他者との比較や競争という形で行われがちです。そのあり方は同質的な力の優劣を計るには有用でしょうが、あまたの劣等意識を生み、それぞれの個性や持てる力を殺してしまうことにもなりかねません。競争心は他者に対してよりも、自己に対して持つべきものです。そのことによって昨日よりは今日、今日よりは明日という具合に自分に対する挑戦が行われ、より積極的な心構えへの改革がはかられるのです。

そのためには、たとえば企業にとってみれば、目標管理による成果主義的な制度の改革が必要でしょうが、それ以前にまず個々人が自己確立感を抱くことが大切です。自分に不安があると他者が気にかかり、対他競争におちこんでしまい、劣等意識のなかで自分を見失ってしまうことになります。そうなってしまえば、他者をうらやんだり恐れたり、依存することはできても、その人を信じることはできません。他者を信じることと、自己を信じることは、結局のところひとつなのです。

自らにチャレンジする対自競争的な生き方は、自信と謙虚な心構えから生まれます。その心は肩書きを捨てた人間同士の構えのない触れ合いから形成されるのです。そして今日必要なのは、このような底の深い連帯感なのです。一様に互いにせめぎ合い傷つけ合うような競争社会ではなく、厳しさは自らに課し、甘えと不信から脱却して自立的な厳しさの世界を一人一人が形成していく必要があり、それはまた「啓育」の重要な役割でもあります。

5．真の「個とパーソナリティ」の確立

われわれのなかでは「個」と「私」が混同されやすい傾向があります。好きなように行動できる世界にあって、初めて「個」を回復することができるのだと考えがちですが、しかしそれは欲求充足本位のエゴイスティックな世界であり、必ずしも多様性とは一致しないばかりか、むしろ私生活においては同質化の傾向さえ見られます。

「個」の世界は単にそのような欲求充足本位で構成されているものではありません。個人の持てる力の自覚と、それを生かそうとする強固な意思を伴うものです。それは集団のなかでの「個の論理」とも言うべき、すぐれて社会的なあり方なのです。われわれはこのような意味での「真の個の発揮」にまだまだ慣れていません。そのためには「啓育」と努力が一層必要にな

るでしょう。

というのも、日本人は本来、同質的なパーソナリティを持っていると考えられるからです。たしかにわれわれは、「情」と「意」においては、自然と結びついた日本的心性を文化のなかに持っています。しかしパーソナリティーを「知・情・意」の総体と捉えれば、多くの異質性（多様性）に気づくはずです。今日まで諸外国の技術や思想をこれだけ豊富に、かつスムーズに取り入れてきた、その吸収力だけを見ても、日本人ほどバラエティに富んだ国民はないのではないかと思うくらいです。

異質性は個人と個人の特性の差、すなわち外的な差としてのみならず、個人の内面においても存在しています。むしろ内的世界での異質の取り入れと育成がもっと進められてしかるべきです。内面において相容れないような対立的要素を抱えながら、統一と調和を維持することこそ、精神の健康を表します。その異質性のダイナミックな相互作用のなかでこそ、豊かな、そして強靭な人格が形成されていくのではないでしょうか。

個性は作られるものであり、素質はその一部にすぎません。大部分は他者との関わり合いの中から形成されていくものです。他者から認められ、受け容れられ、それが自分にフィードバックされて初めて、そこで自覚されたものが「個性」として維持されていくのです。それは他者と自分との共同作業の産物であり、その意味で「ダイナミック」なものです。関係の変化、個人の「心構えの変容」によって築き上げていくべきもので、そこに自己開発の余地もあり、また生きる喜びもあるのです。

異質を受け容れ、理解する心を育てるには、いわゆる「聴き上手」の姿勢が求められます。個の主張をすることと「聴き上手」とは一見相容れないようですが、相手の意見に耳を傾ける「傾聴」こそが、実は自分の意見に耳を傾けさせる要諦になることを知らなければなりません。必要なのは「切り捨ての思想」ではなく「合の思想」です。つまり「or」ではなく「and」の思想です。もともと日本人の思考パターンには「衆知を集める」という発想がありました。江戸時代に栄えた「心学」は、神道と陽明学、それから仏教を合体する思想でした。生きとし生けるものをそのまま生かす発想です。ただこの「合の思想」も、日常では同質性を確かめ合う傾向に陥っていたことは否めません。いま一度原点に戻り、個性を確立するところから入っていかないと、「合」も生きてこないでしょう。

同質性といい、また異質性といっても、主に表面に現れた個人の行動をバラバラにして外側から相対的に眺めただけのことです。本来、個人の内面においては分離して認められるものではありません。いわゆる長所・短所というのも、もとはパーソナリティーのひとつの側面なのです。個性の確立というものはもっと総合的なパーソナリティーの開発として考えられなければなりません。これは「啓育」の基本的な心構えです。

個性の確立を強烈に打ち出した日本人の代表は、吉田松陰です。彼は門人の主張には徹底して耳を傾け、是非の判断を一方的に加えることはありませんでした。教育（啓育）は人の長所を成さしめるにあるとして、「其の短処は乃《すなわ》ち其の長処なり……苛求《かきゅう》（きびしく追求すること）することなくして亦可ならずや」といいます。つまり短所を責めることは、角を矯めんとして牛を殺すことになる。それが同時に長所にもなるのだから、むしろこれを伸ばしていくような指導をしなくてはならない、というのです。

この人間全体に対する信頼の強さは啓育の基本として学ぶべきものがあります。吉田松陰の異質性の尊重にみられる次の気迫あることばは、われわれの襟を正しめるものがあります。

「無逸《むいつ》（一生懸命やっていること）を無理に吾が流儀へ引付けようというにはあらず、只に天地間不朽の人に成なって呉れたら、我に叛くも可なり。我を罵るも可なり」（玖村敏雄著『吉田松陰の思想と教育』）

6. 想像力こそが社会の新しい倫理的基盤である

日本は資源面でも貿易面でも国際依存度が高いわりには国際感覚が鈍く、他国への理解度が極端にひくい状態にあります。とりわけオイルショックやリーマンショックなど国際経済危機に見舞われると、その様相を強く呈します。よきにつけ悪しきにつけ、今後も日本は世界各国への影響を強めていくことになるでしょうが、そのためにもコミュニケーションの基本的な視座が求められることでしょう。

人と人とが理解を深めるには、いくつかの段階があります。まず、自分が自分をどう見ているかの「自己理解」。次に自分が相手をどう見ているかの「他者理解」。第三に相手が自らをどう見ているか、「他者の自己概念の理解」。そして最後に相手がこちらをどう見ているか、「他者概念の理解」です。

とりわけ第三と第四に関しては、相互理解にズレが生じやすい傾向があります。このギャップはコミュニケーションによって解消が図られますが、国と国の間となると、背景にそれぞれの文化や社会のしくみがあり、ことばや考え方の違いがあって、そのコミュニケーションも往々にしてスムーズにいきません。

しかしわれわれの現状を見る限り、その手前の第二の段階、すなわち他国のイメージを自分なりに作り上げたままの状態にとどまっているのではないでしょうか。隣国や中東、東南アジアの人たちが、日常どういう考え方で生活しているのか、日本にどういうイメージを抱いているか、それらを文化との関連で知ろうと努力しているでしょうか。

文化施設を立てて回るだけが文化交流ではありません。もっとその国の生活のなかに入り込んで、人々の価値観や心情を理解し、第三、第四の相互理解の段階に取り組んでいかなくてはなりません。

とはいえ、誰もが海を渡って彼の国で生活をしてくるわけにはいかないのもまた事実です。不十分でも構わないのですが、その国の文化を紹介するルートをもっと広げて、その中から理解を深めていくしかないのです。そしてそのときに求められるのは、想像力なのです。

われわれはどうしても身近な出来事に刺激され、感情や行動を支配されてしまうことが多いものです。生活の範囲が限定されていた時代にはそれでもよかったでしょう。しかし今日われわれの生活は見えない人々の生活とも深い繋がりをもってきています。その人たちのことを考慮の外に置くことはもはや許されないのです。見えない者同士が相互に相まみえることがないまま、隣人愛をもって相互理解を深めていかない限り、双方とも現代を生きていくことができなくなっているのです。

これは国と国の間のことに限りません。日本人同士、企業人同士、あるいは同じ会社のなか、同じ地域のなかでも、われわれはこのことに真剣に思いを巡らせて行動しなければなりません。想像力とは「対象をその不在において認識する力」(『思想の科学事典』)なのです。いってみれば想像力こそが現代社会の新しい倫理的基盤ともなるべき重要な社会的能力のひとつなのです。

従来、人間関係の理解というと、他者との共感による直感的理解が重視される傾向にありました。いわゆる「以心伝心」というものです。しかし当然のことながら、人間理解の方法としてはこれだけでは限界があります。ことばによる理解がもっと図られなければなりません。特に日本人はこの面が不得手とされています。しかし目の前にいない人同士は、少なくともこの方法によらないと理解のしようがないのです。国際的な場では「言わず語らず」方式はまるで通用しないのです。ことばを交換し、想像力を働かせて、他者の生活や考え方を内在的に理解しあっていくのでなければ、認識のズレの解消はすこぶる困難でしょう。

われわれの人生において活動の場は限られており、新しい経験はそんなに多く得られるものではありません。しかもわれわれの行動はパターン化しがちであり、新しい経験の場があっても拒否してしまうことも多いように思われます。見えないところで現実に生きている人々についての知識を供給してくれるものをいろいろなルートから求めていかなければなりません。

その意味で、改めて今日、文学の持つ役割をもっと見直してもいいのではないでしょうか。文学は洋の東西を問わず、ヴィヴィッドに人間の生き方の本質を伝えてくれるものです。現代文学のなかに現れる人間の姿には、国を超えた悩みや希望があり、古典には汲みつくせぬ発想の源泉があります。社会的役割の自覚の上に立った文学者、あるいは翻訳者の活動が、日本のことばの力、想像力を飛躍させるのです。

想像力によって高められるのは、人間理解の能力だけではありません。創造し先取りする能力もまた、想像力によって育まれます。経営開発力、適応力、計画力、戦略力など、いずれもこの意味の想像力から導き出されます。今日のように不確実性の高い時代には、企業にとってもっとも渇望されている能力のひとつです。そしてまた、われわれ日本人にもっとも欠けた能力のひとつとも言われています。それは、ミクロの現象面における諸事象からマクロ的な全体の動向を適切に見抜く力、いわゆる演繹的思考とも、帰納的思考とも異なった、新しい仮説を生み出す発想力ともいえるものです。

今日、人々の間に見られるあきらめや無気力などは、明確な目標イメージ、自己イメージの形成に失敗している姿ともいえるのではないでしょうか。あるいは国全体が目標イメージの喪失に陥っているのかもしれません。

想像力にはイメージ化する力があります。われわれの日常の行動を促進したり抑制したりするのは、意思の力というよりもイメージの力によるところが大きいのです。たとえば心にイメージ化された目標が、自分にとって価値があり、しかも自分の努力で達成可能だと思われるものであれば、行動へ大きく動機づけられることになるでしょう。そうであれば、強固な意思の力で己を鞭打つこともなく、むしろ喜びをもって目標への困難な道を歩むことができるのです。

第三章　〈志《こころざし》〉とは何か

1.「スパゲッティ・ボーン」と呼ばれて

外国を訪れて日本人のことが話題になると、「スパゲッティ・ボーン」ということばにぶつかることがあります。つまり、最近の日本人の背骨はスパゲッティのようにフニャフニャで「哲学信念」がないという意味です。とても心が傷むことですが、それが単なる印象論でないのは、たとえば比較的最近の日経新聞に載った〈脱せるか『やる気後進国』〉との見出しが付いた次のような記事にも窺われます。

「無気力社員」24％

終身雇用が社員の安心感を生み、組織に貢献しようと勤勉に働く――。日本に関するそんな定説は過去の話だ。米ギャラップ社が企業の従業員のエンゲージメント（仕事への熱意度）を調査したところ「熱意あふれる社員」の割合は、米国が32％なのに対し、日本はわずか６％にすぎなかった。

調査した１３９カ国中１３２位と最下位級だ。しかも日本は「周囲に不満をまき散らしている無気力な社員」の割合が24％、「やる気のない社員」が70％に達した。バブル崩壊以降の経済低迷で、長く働いても賃金が上昇するとは限らなくなり、士気は上がりづらい。組織の生産性を高めるには、社員のモティベーションを高めることが急務だ。

（日本経済新聞　二〇一九年二月二十一日朝刊）

また、これは二〇〇〇年のことですが、われわれグループダイナミックス研究所で、日米両国の企業における管理職それぞれ百人を対象に企業家精神に関するアンケートをとったことがあります。その中で〈志〉に関するにわかには信じ難い結果が出て驚いたものです。

西洋には〈志〉に似た〈ビジョン〉という概念があります。そこで理解を助けるために、「ビジョンは意志の力から生まれるが、その意志の力を一定の方向へ導く働きが〈志〉にはある」とした上で、アンケート項目のひとつを〝KOKOROZASHI〟としたのです。

「金銭的報酬を追求するためでなく、より高い価値ある目標や使命感の達成のために仕事をしている」という質問を肯定するほど「志がある」。「人は現在起きている問題をいかに上手に解決できるかで評価されるので、日々の目標達成に集中している」という質問に賛成するほど「近視眼的」となり、「志がない」とみなすというような形で、〈志〉の有無について15項目ほどの質問を設けました。対象は国内の大手メーカーなどの課長クラス101人、アメリカのシリコンバレーのマネジャー112人。回答を点数化し、企業家精神が旺盛か、逆に官僚的思考が強いかを各項目で算出し、比較しました。

すると、〈志〉の有無に関しては、日本側の平均1・1に対し、アメリカ側が約2倍の2・4と予想に反した結果が出たのです。

アメリカ側の〈志〉の点が高いことについて、調査を依頼したカリフォルニア州のペッパーダイン大学マーケティング計量経済研究所長のブルース・ブスカーク教授はこうコメントしました。

「〈志〉とは〈仕事への意欲〉。いまや金のためでなく、達成感を得ようと楽しんで仕事をする人が多い。アメリカが日本人から学んで変化した結果だろう」（二〇〇〇年六月三日　東京新聞夕刊）

また、新潟の国際大学の大学院国際経営学研究所に一九八八年から一九九一年まで研究科長として滞在し、日本の社会と経済の状況をつぶさに見たジェームズ・ブライアン・クイン氏（一九二八年―二〇一二年）は、一九九七年に著した著書〝INOVATION EXPLOSION〟のなかで次頁のような図を掲げて、人財育成の企業の研修における費用対価値の関係を表しています。ここで氏は、会社にとって価値のそう高くない「知識や情報のレベルの向上」に対して費用や時間を費やす一方、もっとも価値の高い心構えや〈志〉、創造力や企業家マインドに対しては、費用も時間も使っていない企業の状況に警鐘を鳴らしているのです。

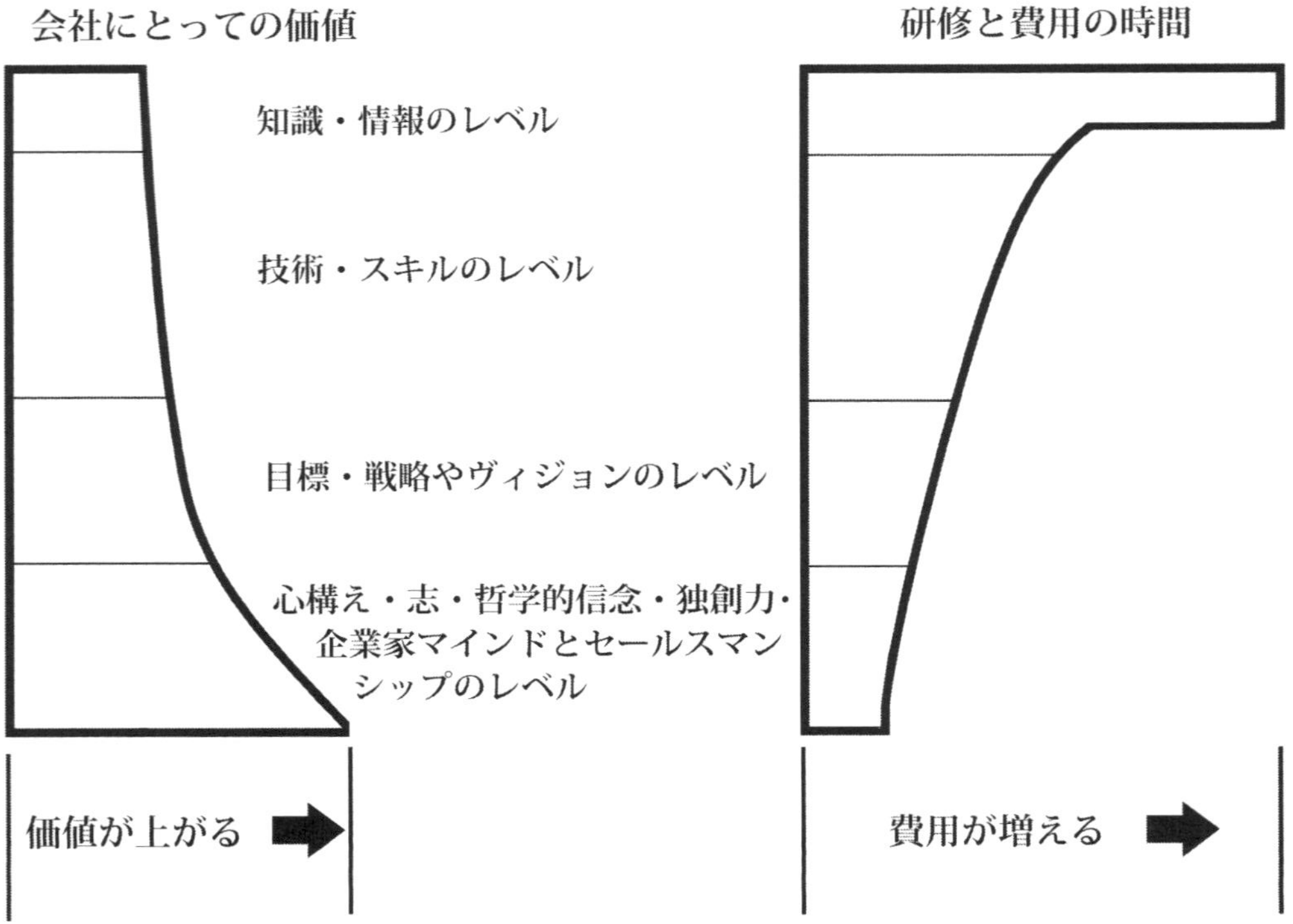

◎左ページ図に独自の解釈を加えたもの

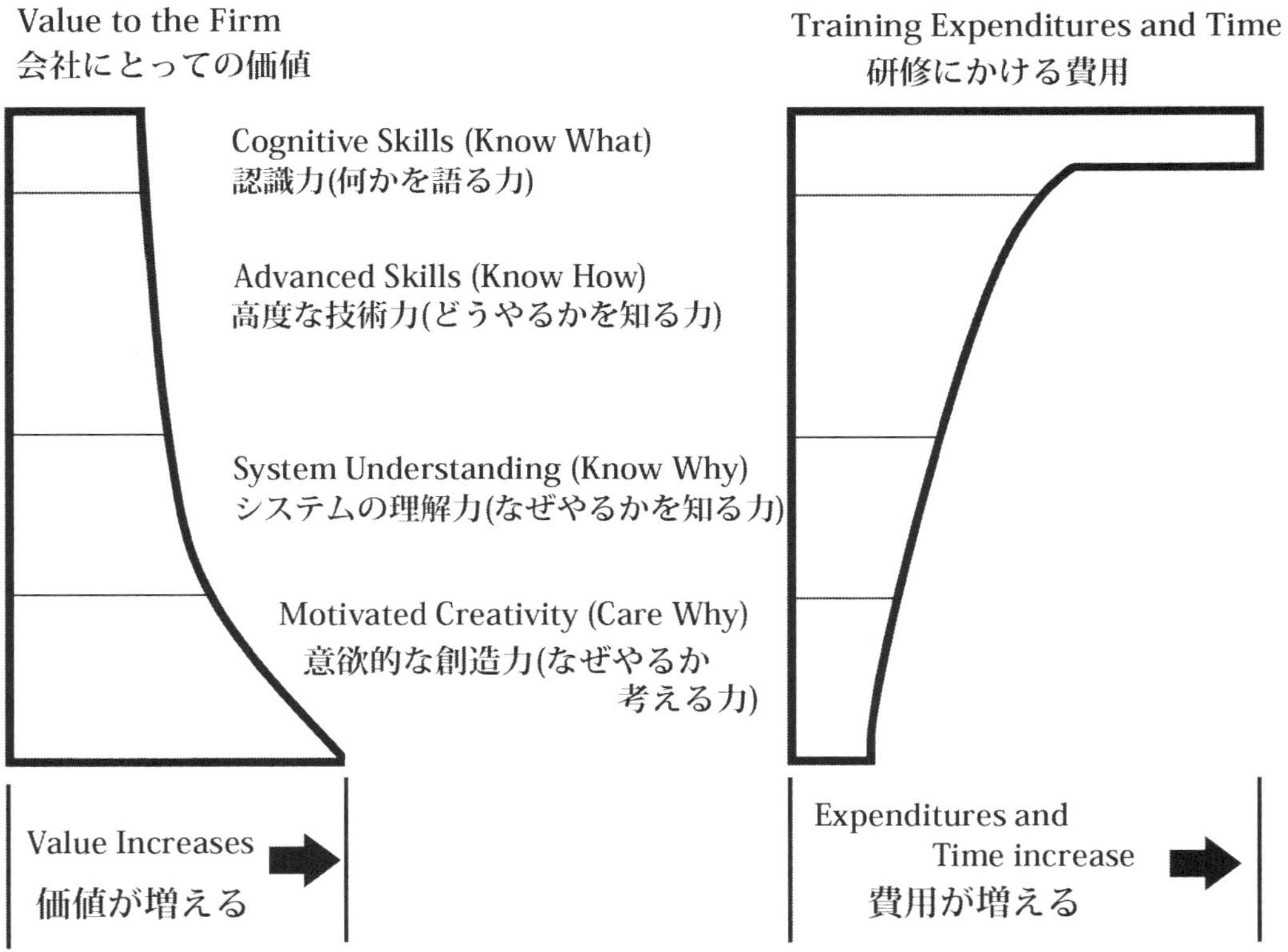

© James Brian Quinn "Innovation Explosion" P5 より

2. 〈志〉の定義

では、〈志〉とはいったい何でしょうか。

語源をたどってみると、漢字「志」の古字は形声文字で、成り立ちからいえば、草木が伸びていく姿を形どった象形文字の「之」の古形と、心臓を形どった象形文字の「心」の古形とを組み合わせて、古代中国語の音声「シ」を表したものでした。この性格から考えると、「志」の古字は「シ」の音声とともに、志向性（之）を持つ精神（心）――という意味を表していたことが分かってきます。

象形文字の「士」は、土地に杭を立てた状態を形どったものです。初めは共に仕事をする、つまり公の場を表していたのですが、その後、その場で仕事をする人間を表すようになったものと思われます。

一方、もともと和語の「こころざし」は、「こころ（心）」と「さし（指し）」の複合語で、ある対象に心を惹き付けられるとき、それがきっかけとなって生まれる志向性を持つ心の働きを指していました。これは前述したこと（P40）の繰り返しになりますが、この「こころざし」が漢字の「志」の訓読みに当てられるようになってからは、次第に「心中にある目標を定めること」という、より高次の「目的意識」を持つ精神作用を指す用語へと移り変ってきました。この「目的意識」は単なる目標達成機能（合目的律）ではなく、新しい価値を形成する目標創造能力（創目的律）を意味し、より高い価値のある目的を創り出す精神のエネルギーを指すのです。

〈志〉とは、人生に対する積極的心構え、生き方の姿勢（Attitude）から生まれるものです。与えられた目標を達成するというより、新しい目標を創造する精神的エネルギーともいえるでしょう。あるいは「一定の方向へと向かう志向性をもつ心の働き」だともいえそうです。

しかしこれは、「意志」ということばで表される内容ではないか、と読者の方はお考えになるかもしれません。そこでまず、〈志〉と〈意志〉との関わりについて述べておきましょう。

「継続は力なり」といいます。どのような事業も一朝一夕では成就しません。そこで、「初志を貫く継続性をもった〈意志〉を下支えする忍耐力」が欠かせないことになります。それが

〈志〉と関係することになるのですが、その力の強さは「価値判断」に関わってきます。目的とするところが、ほかの事柄と比べものにならない「絶対的価値」と確信するのならば、そのゆるぎない「信念」のもとに、その過程で遭遇するさまざまな障害にも屈しない忍耐力が発揮されるはずです。

しかし、ほかの目的と比べて「相対的」に価値が高いという程度の判断をするときは、目的を変更してしまうこともしばしばでしょう。もちろん、その場合でも迂回することによって初志を貫徹する柔軟性を発揮する人もいるかもしれません。しかし、相対的価値判断に基づく場合、往々にして初期の目的は放棄されがちです。

それでは、絶対的価値判断によればよいかというと、そこにも問題はあります。

ここで、価値判断に関わる「信念」（絶対）と「理念」（普遍）の問題が浮上してくるのです。

「普遍」と「絶対」

「普遍」は「特殊」との対概念であり、「絶対」は「相対」との対概念です。したがって「普遍なるものは絶対であり、絶対なるものは普遍である」とは言えないのであり、両者を同一視したり混同したりすることはできません。
個人や集団が、特定の思想や信条を絶対視するのは自由ですが、それを普遍なるものとみなすと、原理主義の運動へと発展していき、それが国家であれば、全体主義国家へと走っていってしまうでしょう。

普遍 ⟷ 特殊
絶対 ⟷ 相対

例を挙げれば、維新のとき明治政府は、本来の神道、すなわち縄文時代に根ざした古信仰ミシャグジの流れを汲んだ神々をいただく神道、それから仏教を、邪教の名で廃仏毀釈によって排除しました。そして一村一社制をとって国家神道を作ったとき、いわば「絶対」を「普遍」にしてしまうという誤りを犯したのです。逆にいえばそのとき、神道や仏教が日本人の心の支えとして普遍的な価値を持ち得る機会を奪ってしまったともいえます。

「絶対」と「信念」

しかし一方では、「信念」というのは「絶対的な自己確信」です。揺るぎのない「不動心」はそこから生まれてくるし、それがあるからこそ生き方に関わる「絶対の尺度」が身につきも

信念　（道）	理念
↑	↑
生き方に関わる絶対の価値観　（主観）	普遍の価値基準　（客観）

するのです。

　ここで重要なのは、この「絶対の価値観」が、自己本位のものであるか否かです。そしてそれは、その「信念」がどのような「理念」に基づくかによって決まってきます。「理念」に裏付けられていない「信念」は、たちまち「盲信」に変化してしまいます。「信念」は「情熱」の源泉ですが、「盲信」へと変質した「自己本位の信念」は、反社会的かつ破壊的な「狂気」を生み出します。

　ここまで「普遍」と「絶対」、そして「信念」と「理念」の関係を見てきましたが、さて、それではそれらは〈志〉とはどういう関係にあるのでしょう。上図を見ていただければ分かるとおり、「信念」は主観的なものですが、「理念」は客観的なものです。これらをいかに合致させるか、その努力が人間形成に関わる「自己革新」です。道元のことばを借りれば「無限求道」の「道」であり、それが〈志〉の形成なのです。

　つまり〈志〉とは、理念と信念が融合した積極的な心構えのことである、と定義できるのです。

「心構え」とは

それではいったい、ここでいう「心構え」とは何でしょう。

かつて、人間の「行動」は本能に基づくのか、あるいは習慣により支配されているか、その どちらを重視すればいいのかという議論がさかんに行われていましたが、それはつまり、人間の行動様式は「遺伝（先天的要因）」によるのか、「環境（後天的要因）」によるのかをめぐる議論に他なりませんでした。

一方、生物学の発達によって、人間はほかの動物と違い、行動様式が遺伝因子によって規定されていないことが明らかになってきました。ことばを換えれば、進化史の中で人間には「本能離れ」が起き、遺伝上可能な行動様式の選択の幅が著しく拡大された、ということになります。

人間は環境に応じて行動様式を換えることができる……それだけ適応能力がほかの動物よりも豊かになったということであり、それによって人類は地球上の至るところに居住域を広げていくことができたのです。

いわば「万物の霊長」として「生物界の王者」となっていった歴史は、行動様式が遺伝因子によってプログラムされておらず、適応能力が拡大していったことに基づいており、それゆえに人類は潜在能力（human potential）の開発が可能になったのです。

すなわち人間は、自ら目的を設定し、その実現のための計画（行動プログラム）を考え、それを実行するにあたって意欲や情熱や忍耐力を発揮することができるのです。この「目的意識をもった計画行動」、「意志を伴う一連の行動」を「行為」と呼びます。

「行為」と「心構え」

「行為」は、その人の「心構え（attitude）」によって左右されます。ここでいう「心構え（attitude）」とは行動を決定づける「心と身の構え」、行動に移る準備態勢のことです。

たとえば「早起きは三文の得」という「生活信条」をモットーとするようになると、「早寝・早起き」という持続性を持った行動様式が習慣となって定着するようになります。もちろんその背後には、周期的な「睡眠」という遺伝因子によって規定された要因がありますが、どのような「睡眠」をとるか、その行動様式は「早寝・早起き」という「生活信条（態度）」によって決定づけられるのです。

「心構え（attitude）」と「潜在意識」

「生活信条」に反する行動をすると気分が落ち着かなくなりますが、それは身体的反応です。つまり、身についた「習慣」は、無意識に働く身体の反応として行動に現れるのです。

このことは、「心構え（attitude）」は「潜在意識」に長期的な記憶として保存され、それが大脳辺縁系を介して身体に作用するものであることを物語っています。

つまり「行動」とはまさに身体のふるまいに他ならないのであって、「心構え」はイコール「心身の構え」なのです。ここに古来からの東洋思想である「心身一如」の認識が、真実を言い当てたものであったことが改めて確認できるのです。

また、人間は「どのような自分でありたいか」（理想の自己像）を心にイメージすることができるのですが、これは動物界における脳の進化史の中で、人間は「想像力の座」である大脳の「前頭葉」が著しく発達したためです。その結果「自分自身を創造する」、いわば「自己実現」が可能になったのです。

3. 民主的な社会と〈志〉

以前、普段あまり考えてもいなかった民主主義について、急に思いをめぐらしたことがありました。それはちょうどオウム真理教事件が起こる直前のことで、ある人から「今の日本の民主主義は危機状態で、いつ独裁者が現れてもおかしくない」と、戦前のドイツ政治の例を挙げて説明されたときでした。

その後、日本特有の現象として現れたオウム真理教事件は、さらに〈日本の理念〉について深く考えざるを得ない契機となりました。

そのとき、日本人の心を支えるべきことばである〈志〉と、危機に直面している民主主義との関係、そのメカニズムを明らかにしておかねば、現代社会と日本の将来に対する洞察を見誤ると思ったものでした。

社会的な背景

経済の発展やテクノロジーの発達は、社会経済にプラスの貢献をすると同時に、一方で目先の短期利益の追求に傾くため、文明の衰退の危険性を拡大させます。

アーノルド・トインビーは『歴史の研究』の中で、「文明が停止し、あるいは衰退してゆくにも拘らず、技術のほうは向上する場合がある」と指摘し、二十八の文明のうち十八までがすでに死滅し、残り十のうち二つは今や臨終の状態にあると観察しました。

今の日本も、技術＝テクノロジー中心で、魂才《こんさい》のバランスは崩壊しています。才覚のみと軽薄な成功物語を重視する大衆社会は、国民の大局的な思考力と独創性を低下させる傾向を強めています。

その結果、歴史や哲学や文化を大切にして真正面から学ぼうとする精神が、国民から失われているのです。そこでは魂と心の空洞化が起こり、ひいては意欲崩壊をも引き起こしています。「ある程度の豊かさ」と大局観の喪失は、日本人の危機感をますます低下させ、「誰かが何かをしてくれる」ぶら下がり意識のみが増幅します。こうして民主主義はだんだん形骸化され、そこから全体主義へと転化していく潜在的危険性をはらむのです。

科学の場合は、実験によってそれが普遍の真理であるか否かを検証できますが、こと人類社会に関しては、実験によって何が普遍の真理であるか確かめるわけにはいきません。歴史を通じてのみ、何が経験則として普遍の原理と認められるかを知り得るのです。

ところが前述したように、われわれ日本人はある時から歴史を真正面から受けとめ、そこから学ぶ精神を失ってしまいました。

なぜそうなってしまったのか。その原因の一つに偏差値教育があるといえます。偏差値教育によって、日本の若者は、歴史については学んだけれど、歴史からは学んでいないという事態に陥ったのです。結局のところ日本の歴史教育は、普遍性を理解させ、理念まで深める能力を開発するまでには至らなかったのではないでしょうか。（本書P44「偏差値教育の弊害」参照）

「理論理性」と「実践理性」

郵 便 は が き

料金受取人払郵便

川崎港局承認

7579

差出有効期間
令和４年２月
28日まで

（切手不要）

２１０-０８９０

川崎市幸区塚越4-314-1
グループダイナミックス研究所
行

（TEL 044-541-2455）

《ご記入は任意です》

フリガナ お名前	年齢
ご自宅 住　所	
勤務先 住　所	
会社名	業種
所属名・役職	

「善悪」の判断を見失った行為は、理性なき反社会的狂気であるとされます。では「理性」とは何でしょう。この点について、カントは「論理」に関わる「理論理性」と「倫理」に関わる「実践理性」とを区別しました。これは「論理」から「倫理」は導かれないという人間についての根本認識に基づいており、「理性に基づく合理主義」の落とし穴は、ここに潜んでいるともいえます。

技術の目覚ましい発達に支えられた産業社会は、カントの指摘にも拘らず「理性」をそのまま「理論理性」としてしまういびつな合理主義の精神を人々に植えつけてしまったのです。それが、個人を尊重する個人主義思想と結びつくとき、自己本位のミーイズムへと転化します。しかし、社会との結びつきの失われたミーイズムの世界の中では「自己のアイデンティティー」を確立することはできません。「自分の生の存在理由（レーゾン・デートル）」を確認できず、マゾ・サドといった病に冒されてしまうのです。（エーリッヒ・フロム『正気の社会』）

「信念」は「実行力」の産みの親

一般的にいえば、「行動」の原動力となる「意欲」は、次頁図のように、物事を究めつくそ

好奇心 → 興味・関心 → 探究心 → **意欲** → 独創力 → 行動力（実行）

うとする「探究心」から生まれます。それは「究極の境地」を極めようとする「向上心」となって現れます。「名人・達人」または「志のある人」は、この「意欲」によって生まれてくるのです。

この「意欲」に「信念」が結びつくと、「熱意」（精神的エネルギー）は、より大きな「情熱」へ転化し、創造力をかき立て、強力な「実行力」を発揮させます。「志のある人」は、より高次の価値と倫理を追求しながら行動するのが特徴です。それはなぜかといえば、そこに「信念」ばかりでなく「理念」が伴っているからなのです。

今の社会はこのままでは、才覚のみを強調するあまり魂才《こんさい》バランスが崩れ、魂と心が崩壊していくプロセスの途上で、理念を司る倫理や品格が社会の中から失われ、ますます〝目に輝きを失った人〟が電車や街の中に増えていくでしょう。それはまた、倫理に基づいた行為が健全な民主主義を育むという基本的なことに気づけなくなっている社会だともいえます。

社会の問題を通して「万物には命がある」ということや、より高い価値のある目標を創造する意味を、今の若者や次の時代を担う子どもたちに体得させるのが倫理であり、それは単に

「道徳」の講座を設けたりしただけで叶うことではないのです。

これからの人づくりで大切なのは、正解のみを求める勉強ではなく、質問について考える真の学問であり、そこから何を学ぶかを考える「思考の訓練」です。そしてそれを行う「啓育」が求められているのです。そこでは一人ひとりの理念のレベルの向上に力が注がれるべきです。

理念は思考の最高の状態から生まれます。そのためにも、古典や哲学、リベラル・アーツの学習にも決して手を抜いてはならないのです。

第四章　AーAの目的は何か

ここで、われわれの主宰する「ＡＩＡ（Adventures In Attitude）・心のアドベンチャー」の啓育コースの紹介に入りたいと思います。というのも、このコースはこれまで述べてきた〈志〉に基づいた実践方法を生活全体からとらえ、人生への積極的心構えの開発をはかる啓育の基本として、内容と方法を提供するものと思うからです。

ＡＩＡとは「心構えの冒険」という意味です。「人は自分で自分の心構えを改善するという冒険を心の中で実行すれば、やる気、心の安らぎ、健康、豊かさを実現できる」という確信のもとに、心構えの改革を促す啓発プログラムです。以下にその概要を述べます。

1. 人を動かすものはその人の心である

人は考えたとおりの人間になる

最初にこのＡＩＡの生みの親、ボブ・コンクリンの次ような体験をご紹介することからはじめましょう。この体験がきっかけとなり、彼はこのプログラムを開発したといいます。

彼の妻は、医者の診断によると、リューマチ性の関節炎と、正体不明のウィルスに痛めつけられ、一ヵ月以上も病院のベッドでやせ衰えていました。骨の結核ともいわれていたこの病にかかり、体力も気力も失われてすべてが悪いほうへすすんでいました。

ある日、彼女は「家へ帰る」といいだしました。「ここにいても良くならないのははっきりしています。私の居るべきところは、家族の世話ができる私の家です。……たとえよつんばいになって、はいまわらなくてはならないにしても、私はそうしたいのです」といって周囲の制止をふりきり退院したのです。そして彼女は、病院を出てから一度も薬も飲まず、杖も使わずに、九ヵ月後にはカントリークラブでダンスを踊れるほどに回復していたというのです。

コンクリンは、この奇跡のような体験から、人間には何かもっと強力な、なんらかの力があるのではないかと思い立ちました。その力というのは、人間の心の持ち方、すなわち心構えそのものにあるのではないかと思ったのです。心構えの改革こそが、奇跡を生んだのです。

その後、一九五〇年代の半ばのことですが、コンクリンは教育訓練の専門家や教師とともに「従来の企業内教育が実践的な成果を十分に上げていない」という問題について話し合いを行いました。その結果、人間の行動に影響を与え、具体的な行動を起こすには、意識の改革から始めなければならないことを発見したのです。

コップに水が半分はいっています。ある人は「あと半分しか入らない」と嘆き、別の人は「まだ半分入れられる」と期待をもつ。ものごとに対するこの見方の差が、人生を決定的に異なったものにするのです。

環境というものは、まさにその人が決めるのです。人間の行動は、その人のパーソナリティと環境との影響で決まるといわれていますが、その環境の影響自体が、その人のパーソナリティによって意味づけされているのです。このことは、モティベーションの問題を考えるうえで、とても重要なことです。

従来のモティベーション理論は、いわゆる〝動機づけ〟の問題として、外側からの一時的なインセンティブにかかわりすぎていなかったでしょうか。マネジメント論や、リーダーシップ論の枠内にとどまってしまってはいなかったでしょうか。

人間を動かすキッカケとなる誘因の素材に、今日ほど豊富な時代はありません。企業内の管理制度や報酬のシステムはいろいろな工夫が施されているし、市場では消費者のあらゆる欲求をねらって、あまりにも多くの刺激がばらまかれています。ところが、一人ひとりは、それらの刺激を消化しきれずに、ただその場、その場で欲求に点火されながら、自ら鎮火してまわるという、いらだちの毎日を重ねるか、あるいはそこから逃げて、無関心や無気力に陥っていく、というのが現実なのではないでしょうか。

大切なのは、その本来の要因をとらえる力、そして自らの心構えと結びつけて、人生に価値ある行動を生み出す力なのです。

積極的な心の方向づけができているものにとっては、基本は心構えのあり方なのです。

キケロは「考えることは生きることである」と述べました。さらに四千年もの昔、ヒンズー教の神秘主義者がパピルスの上に、ウパニシャッド語で「人は、その人が考えているとおりの人になる」と書いています。

ＡＩＡでは次のように考えます。

「あなたを幸福にするのも、成功させるのも、がっかりさせるのも、イライラさせるのも、愛される人にするのも、エネルギッシュにするのも、病気にするのも、魅力的にするのも、どんな感情やパーソナリティの持ち主になって人生を過ごすか、どんな環境や状況に出会うかを決めるのも、すべてあなたの考え方次第なのだ」と。

その力は心のなかにあるのです。同様のことを、解剖学者の養老孟司は平成でもっとも売れたという（４４５万部）著書『バカの壁』のなかで、〈個性〉に対する世間一般の観念の誤りを指摘した後に続けて、

「ここが現代社会が見落としている、つまり『壁』を作ってしまった大きな問題点だと思っています。人間は変らないという誤った大前提が置かれているという点、そしてそれにあまりに無自覚だという点。」（『バカの壁』Ｐ68）

とし、そして「人間は変わるものである」と繰り返し述べています。

ＡＩＡの目的は、〈心の持ちよう〉つまり「心構え」の開発にあります。ものの考え方を見直すことによって心構えを改革し、人生に新たな意味を発見します。そして、人生目標や夢、〈志〉を見出すことにあるのです。

心の人間的成長

ある哲学者が「なぜ生きるのかに答えられる人は、どんな困難にも屈しない」と言っています。自分の内面を的確につかんでいる人は、自分がどういう生き方をすればよいのかが分かっており、自分のエネルギー、長所や才能、理解力などを過大にも、また過小にも評価しません。お互いに影響を与え合い、心のふれあいを深め、自分というものを自覚し、内発的なやる気を起こすこと。これがＡＩＡの目的の一つです。ＡＩＡでは、自己概念や自己イメージを明確にしていく相互啓発を行います。

そして、人間として成長することがもう一つの目的です。人間として成長すれば、それだけ人生が充実します。人間的成長が止まれば、死んだも同然だといえます。

このプログラムにはこの他にも、心の筋肉の強さ、他の人に対する影響力、人間関係を広げる能力、実行力、目標創造能力、感情のコントロールなど、人生を充実させるのに役立つ特性を身につけ、強化する目的があります。こうした目的の実現法は、もちろん他の人があなたに与えてはくれませんし、あなたに代わって実現してくれるわけでもありません。ここでは、相互啓発し合いながら自分の力でこれらの目的を発見するように、プログラムは進みます。

心の成長をはかるためには、いくつかの原則があります。

人間の心にもコンピュータと似た働きがあります。コンピュータは、与えられた条件に対して次にどう行動すればよいかを判断するわけですが、それは人間がプログラムを覚えさせているからで、コンピュータはプログラムどおりの結果を出します。

では心の場合はどうでしょう。コンピュータのプログラムに相当するのは、人や物事に対する考え方が習慣になった状態、つまりAttitude・心構えです。だから心構えは、人間の感情や行動、自分の内面、表面に現れたパーソナリティ、すなわち人柄や人間性などをコントロールしていると言えます。そして、それが人間関係や人生の目的や目標にいろいろな影響を与えていくのです。

多くの人は、自分自身の可能性や自分の能力について、消極的な見方をしがちです。消極的な心構えは、心の中に「抵抗器」を作り上げてしまうものです。心の中に「抵抗器」を持っている場合、人はすべてを消極的に考え、その結果、他の人から冷たく扱われたり、能力を充分に発揮できなくなったりします。ＡＩＡは、心の記憶装置の中にあるこうした「抵抗器」を見つける手助けをします。

2．自分の頭の中は見ることができない

自分の持っているものに目を向けよ

ＡＩＡのプログラムを受講した後に、よく「勇気が湧いてきました。と同時に自分の非力を痛切に感じました」「自分の問題点がよくわかりました」というような感想を抱く方がいらっしゃいますが、それはすなわち、自己満足に陥っていた自分の姿が浮彫りにされて、改善点が明確になった、ということだと思います。

啓育がニーズの発見から入るものとすれば、その内容の現状認識は不可欠です。しかし、それだけに終ると、自信喪失者ばかりをたくさん生みだすことになりかねません。実践への動因になるのは自信と勇気です。それは自己への信頼であり、自分の長所を好きになることなのです。ここで第一章に上げた日本の青少年に向けたアンケートのことを思い出してください。そ

こでは他国に比べて「自己肯定感」が弱く、生への充足感が乏しい姿が浮き彫りになっていました。すなわち、自ら持てるものに満足せず、「他人の芝生」ではないですが、常に他と比べて自らにないものに羨望する。「もっと才能があれば」「もっと財産があれば」「もっといい学校を卒業していたら」「もっといい家庭に生まれていたら」……。そして死ぬまでその不満と付き合いながら、他人をうらやみつつ、ついに自分の力も出しきれずに終ってしまうのであれば、こんなに悲しいことはありません。われわれは自分の持っていないものに関心を持つと同じように、あるいはそれ以上に、自分の持っているものに対して深い関心を持つべきです。そして人生に成功する要件が、実は自分のなかにすでに、すべて整っていることを認めるべきです。

企業戦略においても、商品、市場戦略や、コスト戦略などが注目されていますが、もっとも忘れてはいけないことは、いま持っている人間の潜在的な力の最大活用なのです。それは一人ひとりが持っている長所や強みをまず十分に生かすことです。この基本的な考えをグループダイナミックス方式で相互啓発するのがＡＩＡなのです。

積極的で健康な人格の考え方

近年の心理学においては、より積極的で健康な人格的成長に対して注目が高まってきています。積極的で健康な人格であるためには、自分自身の長所を正確に知り、それを肯定的に受容するという「自己認知」が重要です。そのことは実験的心理学においても実証されてきています。たとえば、ポジティブ心理学で知られるマーティン・セリグマンは、環境に対して働きかけても環境は何の変化も起こさないという体験をすると、人間は環境に対する有効な働きかけができない、という自己認知を形成して無気力になり、後に環境に対して有効な働きかけができる場が与えられても、何もしなくなってしまうことを見出しました。セリグマンはこれを「学習された無力感」と呼んでいます。

またジュリアン・ロッター（一九一六―二〇一四年　アメリカの臨床心理学者）は、環境に対して自分は影響を与えられるかどうかの自己認知を、"Locus of control"（コントロールの原点がある場所）という概念を用いて二分類し、内的統制型（環境をコントロールする原点は自己にあるという認知）と外的統制型（環境をコントロールする原点は自己にないという認知）とに分けました。そして、内的統制型の自己認知の方が被験者の学習成果が向上することを実証しています。

これらの実験的研究から導き出せる結論は、「自分は環境を変え得るのだ」という自己認知を持つことが、無気力に陥らず積極的に行動するために必要である、ということです。

個性を発展させる自己イメージの形成

それでは、そのような自己認知を持たせ、積極的で健康な人格へ変容させるにはどうしたらいいでしょう。

自己認知の形成は、その人自身の体験を基にして行われるので、もしかしたら新しい体験によってそれを変化させることが可能になるかもしれません。しかし一方で、一度形成された自己認知は、通常体験によっては変化しにくいということもまた事実です。形成された自己認知に基づいてその後の体験の解釈が行われるので、新しい体験が現在の自己認知に対する反証となって人格変容に向かう、ということはなかなか起こりえないのです。

たとえば、自分は能力のない人間であるという自己認知をすでに持っている人は、どんなにすばらしい仕事をしたとしても、それを自分の能力によるものとは考えず、偶然とか運がよかっただけだとか、あるいは誰かがうまく手助けしてくれたからだと解釈するでしょう。つまりどんな体験をしても、今の自己認知に基づいて解釈し、その自己認知をそのままにしておくことは可能なのです。

さらに興味深いことに、自分は能力のない人間であるという自己認知を持つ人や、能力がないのではないかという不安を持つ人はそれを確証させられるのを恐れるために、課題に対して全力を出せないことがあります。なぜならば、全力を出し切らないで課題に失敗したとしても、それは自分に能力がないからではない、と言い訳ができるからです。そして、全力を出さないために満足のいく成功体験が得られず、自己認知も変化しないままなのです。

以上のようなことから、積極的な人格に変容させるためには単なる経験ではなくて、自己認知そのものに直接的に影響を与える体験が重要となってきます。

ＡＩＡのプログラムでは、さまざまなグループ・ディスカッションの過程で、自分自身が持っている自己概念や自己イメージを見直し、また他者からどう見られているかを知る機会を得ます。そして自分自身が持っている自己イメージを明確にし、そのなかにその人なりの消極的な部分があることに気づいて、さらに新しい自己概念や自己イメージを持てば、自分自身が改善し得ることを理解し、それを成し遂げる決意をするという形で自己認知を変容させます。

このプログラムの重要な特徴は、あらかじめ決められた画一的な自己概念や自己イメージを作り上げるのではなく、参加者一人ひとりが自分なりの個性を真に発展させるという形での自己概念や自己イメージと人生目標を定め、それを達成するための計画を考えるという点です。

個人と集団の関係

ＡＩＡのプログラムの中では、自分の人生の生涯設計を明確にしていくという作業を、グループ・ディスカッションを通してやっていきます。仕事について、経済問題について、精神的な側面、健康体力の問題、知性教養面、家庭の問題、そして自分を取り巻く隣人、あるいは地域社会、これらの七つの分野で、それぞれ自分の将来の方向をはっきりさせていくわけです。

このコースの最大の特徴は、常に自分と周囲との相関関係のバランスの中で、健康、心のやすらぎ、やる気、豊かさを確実に自分のものにしていくためのプロセスを重視していることです。そして、それらのプロセスの中から、自己の目標設定をし、それを達成していくことを学べるのです。しかも、いろいろな人との話し合いを通じて自分を見つめ直すという体験ができる。特に集団のなかで不確実な不安要素を抱えている場合、新しい自己概念、自己イメージを明確にすることが、自分自身と集団との関係、つまり集団のなかでの自分とのかかわり合いを明確にし、不安感を取り除いていくためのひとつの強力な方法なのです。参加者はそこで、自分はこれから積極的に生きていける、という自信と勇気を得るわけです。

3. 人生目標や〈志〉はエネルギーを結集する

ダイヤモンドは身近にある

私たちはだれも、よりよい人生を生きたいと切実に願っているものの、そのために具体的な人生目標や〈志〉を設定して、一歩一歩着実な歩みをすすめている人はそう多くはありません。大多数の方々は〝そのうちよくなっていくだろう〟という漠然とした期待をもって、日々の喜怒哀楽のなかできまった生活を繰り返しながら、齢を重ねていくというのが実際のところでしょう。

人生目標や〈志〉を持った人生と、持たない人生とは、まったく別なものです。人生目標や〈志〉を持てば心のエネルギーが自然に生まれて、その目標や〈志〉が、反対にその人のものの考え方や、心構えを形成し、方向づけることになります。一日一日が充実した、自分の人生になるのです。

イメージする力は意志の力をより強くします。胸がドキドキするような、心が躍るような目標イメージを心のなかに描ければ、創造力は更に豊かになります。

目標イメージは「心からの願い」から生まれる

このイメージは、自分自身の本当に望んでいるものでなければなりません。私たちは小さいときから、まわりから期待されたものを、すでにイメージとして持っています。いまの子どもたちを見ていると、その心のなかにはおそらく、一流大学に進み一流企業に入ることが最大の目標になっている場合が少なくないと思います。それは親がそういう期待をもって子どもに接しているからです。その与えられたイメージを自分の目標として一生を終える人もいるでしょう。しかしそれでその人の力は生かしきれたといえるでしょうか。真に生きがいのある人生とは何でしょうか。

目標イメージは、自分の「心からの願い」として描かれなくてはなりません。そうしてはじめて、自分のなかにあるあらゆるエネルギーが、その目標達成に方向づけられることになる。

これをＡＩＡでは〝心の磁気の法則〟といって、だれにでも共通の法則であるとしているのです。

成功イメージだけではなく、自分は失敗するというイメージが描かれれば、失敗に向かって力が働いていき、そして結果的には失敗します。事実、私たちの心には、成功したいと思う半面、心のスミに「そうはいっても、実際はムリなのでは」といった、消極的な心構えがひそんでいることが多いのではないでしょうか。これを「失敗する意志」といっています。けれどもそれがあると力の結集がなかなかむずかしくなります。それを積極的な心構えに置き換えていくことを、ＡＩＡでは「自己宣言」と「自己イメージによる強化」で実践していきます。

その目標は実は身近なところにあることに気づいていただくのです。いま自分がいる環境のなかにこそ、期待するものがあるはずです。それを見直すことにより、問題は環境を変えることにあるのではなく、自分の考え方を見直すことにあることに気づくのです。

私たちは、今いる環境のなかで、すばらしい人生を切り拓いてゆくことができるのです。なぜなら、私たちの内には、今いる場所をダイヤモンドの土地に変えられる能力があると考えられるからです。

4. 責任を引き受けるということ

あなたは警笛を鳴らすだけの人か

ＡＩＡのメッセージのなかに、次のような話があります。

ある交差点で、新米の女性ドライバーが車をエンストさせてしまいました。信号は情容赦なく青から赤に変り、また赤から青に変ります。彼女の後には、車が長い列をつくってひしめいています。すぐ後の車の警笛が鳴りました。その後の方の車も、じゃんじゃん警笛を鳴らし始めました。すると、新米の女性ドライバーが車を降り、後の車の運転者のところに行って、おもむろにこう言ったというのです。「私の車のエンジンをかけて下さいませんか。私、その間、あなたに代わって警笛を鳴らしていてあげましょう」と。

世の中には警笛を鳴らす人はあふれるばかりにいますが、車から降りて、行動をおこそうとする人はなかなかいないものです。あなたはそのどちらの部類に入るでしょうか。

また、むずかしい問題をひと言で片づける人も多くいます。「それはヤル気のせいだよ」「相手の立場に立たなければダメだよ」。さて、それは具体的にどのようにしたらよいのでしょうか。ほんとうにそんなことができるのでしょうか。

警笛を鳴らしてばかりいる人、いつもタテマエだけで片づけている人、それは世の中を実際に動かしている人たちではありません。一人前の社会人とは最小限、次の二つのことができなくてはなりません。一つは自分がおかれた環境のなかで、いま自分が何をしなければならないかを自分で決めて、それを実行できること。もう一つは、実行した結果がたとえ失敗であっても、その責任を自分でとることができるということ。

もちろん、行動しない人はいませんが、その内容が稀薄になっているのです。その人の人格や意志が実現されず、受身的な、衝動的なものが多いのです。行動がそうであれば、そこに責任感も発生しようがないし、よろこびも生まれないでしょう。それどころか行動自体が成り立たなくなってくるのではないでしょうか。

責任意識の三つのカテゴリー

また、前掲の太憲一郎氏の著書では、経済学者である岩田龍子《りゅうし》氏の見解を紹介しています。それによると、日本人の責任意識は、人間関係における三つのカテゴリーのなかで説明できるというのです。すなわち、〝無縁〟と〝なじみ〟と〝気のおけない〟関係の三つです。

〝無縁〟の関係は、いわば行きずりの見しらぬ人同士の関係です。お互いに無関心であり、道義的期待も欠如していて、行動は無責任、無遠慮となります。次にお互いに顔を知りあう〝なじみ〟の関係となると、状況は一変して、恥や遠慮が意識されはじめ、道義的期待がお互いに発生して、それに対する責任意識と一種の信頼感が形成されます。そして人間関係がさらに緊密化すると〝気のおけない〟関係となり、状況はさらに一変します。家族、身内、にみられるように、ここでは無理が許され、期待は道義的以上のものがありますが、それを裏切っても責任を追求しあうことはなく、むしろカバーしあいます。そして外に対しては強い連帯責任意識を形成するのです。

日本のビジネス社会は、この〝なじみ〟の関係の上に成り立っていて、欧米のような個々人の契約における責任体制とは異なり、集団志向的な目に見えない道義的責任意識が強く支配している、と岩田氏は説いています（岩田龍子著『現代日本の経営風土』）。これは、強い役割意識を形成し、滅私的なエネルギーを生み出してきました。しかし、それはあくまで人間関係のなかで成り立つ心情的なもので、行為の結果よりも、行為そのものに価値がおかれやすいきらいがあります。目的よりも手段に殉ずる生きかたを生じがちです。結果についての責任は、当人よりも集団に属することになり、企業なり、家族なりが、それを引き受ける形がとられやすいのです。

けれどもいったん国際社会に出てみると、日本人は否が応でも〝無縁〟の関係のなかで行動することが多くなります。そこでもなお〝なじみ〟の関係を脱しきれなければ、日本人の責任意識は、当然、そのあり方を問われてくるでしょう。

個々人が、自分の行為がどのような結果をもたらすか、それを予見し、前もって計算したうえで、その行為の結果を他に転嫁することなく、これに対して責任をとる覚悟で行動するといった、目的合理性を持った責任意識が、強く求められてくるに違いありません。

何が真の「愛国心」か

かつて文科省大臣を経験したことのある方の講演を聴いたときのことです。講演後の質疑応答の時間で会場から「愛国心というものは、どの段階で教えることになっているのか」という質問が出ました。それについてその方はこう答えられておりました。

「(愛国心) 教育をいつから、どのようにやるかというのは、工夫を要するものだと思いますが、これは本当に大事なことでございます。いわばしつけの基本でもあり、家庭でも学校でもこのことについてはしっかりと身に付けさせていく必要があろうかと思います」

けれども私は、ここでも〝教育〟の呪縛のなかで、愛の概念を捉えているように思えました。私たちが、心から人を愛し、家族を愛し、子どもたちを愛し、動物を愛し、故郷や森を愛し、出身校を愛し、自分の属する組織を愛し、国を愛し、人類を愛するのにしつけと教育だけで可能でしょうか。

自分の存在意義を失い自信を喪失した人は、自分自身すらも愛せなくなります。その人に国を愛せよといくら教育しても教え込まれた愛国心がいかに脆いかを日本民族は敗戦の時に身をもって体験し、いまだ国論を二分するという後遺症を引きずっているのです。

愛国心は啓育されてこそ引き出され育まれ、より強くなる精神です。そのためには、「愛する」ということの普遍的概念が理解でき、実践できる機会が必要です。そして周りとの関係と自分の将来に自信を持てるようになれば、自分自身を愛せるようになり、自分の周りの人々や万物に愛情を持てるようになるのです。そうすれば自分を守ってくれる国、その故郷、森や小川のせせらぎを自然に愛する心が生まれるのです。そして愛国心を持てるようになり、義務を負えるのです。しかし現実は、愛の概念とは何かを考えさせて実践しなければならに時に、中学生の子どもたちはサラリーマンよりも忙しい塾や稽古事のスケジュールに追われ、相も変わらず激しい対他競争による受験勉強に取り組んでいるか、受験のレールからずっこけて閉じこもっているか、遊びまわっているかが日本の有様です。親も教師も自分のことだけで頭がいっぱいで、子どもと直に接触し、話し合い、互いの価値観を理解しあったり、価値の伝承をする時間はますます減る一方です。何が〝知の時代〟でしょうか。日本女性が子どもを産まなくなったのは、心の中で無意識に自国とその教育を信用していないからだと言う人もいるくらいです。日本の「国のかたち」以前に、「暮らしのかたち」、「働き方」より「生き方のかたち」自体が崩壊しつつあり、その立ち直りを迫られているのです。

第五章　A－Aの実践記録

ＡＩＡの相互啓発による研修方法は、まず４～６人を一グループとします。経験から言えば、トータルで15人から20人ぐらいが最も適しています。全30時間近くを、ほとんどグループ討議で終始します。コーディネーターが１人つきますが、その役割は教材を配ったり、時間を計ったりする進行係にとどまります。主役は参加者であって、討議のテーマは与えられますが、そこで何を話し合おうと、どうまとめようと、まったくメンバーにまかされます。

心理学や行動科学などの最新理論を採用しつつ、周到に構成されたプログラムと討論を通じて触れ合いを深めるグループメンバーの力によって、メンバーは自然に討議にのめり込み、自然に心を開き、自然に心構えを改革していくことができるようになります。このＡＩＡプログラムが従来の社内研修とくらべて大きな違いとなるポイントを、次に述べてみます。

1.「啓育」は新しい自己像形成の場

ウォンツの発見・形成と方向づけ

「啓育」はウォンツの発見、形成、そして新しい行動への方向づけの場であるべきです。しかし従来の「教育」は、ニーズを教える段階で終っている場合が多いのではないでしょうか。まず本人が心からウォンツに気づいていなければ、やる気の前進力は起きませんが、その気づきだけで終っても、現実の場での行動改善にはなかなか結びつきにくいと思います。

ウォンツの気づきは「よしやろう」という内的エネルギーを生みだします。いわゆる〝その気〟になるのです。しかし、そのエネルギーの方向づけがなされなければ、行動を模索しているうちにエネルギーは拡散してしまうでしょう。後に残るのは無力感だけ、ということにもなりかねません。

もちろん、この「気づき」だけで、強固な〈志〉が形成され、意欲的に環境に働きかけて、力の方向づけを自ら遂げる人たちもいます。それがいわゆる「問題解決能力」を具えた人であり、〝学び方〟の能力を身につけた人たちです。

従来の企業研修は、能力ある人たちにはますます能力をつけさせた半面、そうでない人たちには結果的に当惑と失望感を残したというきらいはなかったでしょうか。また、有能な人たちといえども現実の複雑な環境への取り組みのなかでは、意図した改善の力点の置き方が少しずつずれて、自分では自覚しないままいびつな成長を遂げていくといったところがあるかもしれません。それが有能な、自信をもった人であるだけに、かえって厄介な結果になっている場合もあります。これはやはり、行動改善の方向づけがしっかりしていなかったせいだと思います。

〝どうありたいか〟に働きかける

人が、行動を改善していこうと試みる場合、その部分だけ修理をしたり部品を取り換えたりするような機械的なアプローチでは到底通用しません。いかなる行動改善も、全人格的な取り組みを必要とします。ということは、その改善が自分自身の人間的成長にとってどういう意味をもつのかが、しっかりと把握されていなければならないのです。

アブラハム・マズロー（一九〇八—七〇年　アメリカの心理学者）によれば、人間の基本的欲求には、欠乏欲求と成長欲求とがあるとのことです。欠乏欲求は、喉がかわいたら水を飲むという欠乏状態の回復を求める欲求です。一方、成長欲求は、よりよき自己実現のため内面にエネルギーを充実させて、主体的に行動しようとする自我の欲求です。

啓育における改善への方向づけは、この成長欲求に働きかけるものでなければなりません。成長欲求による自己像の形成は、〝どうあるべきか〟よりも〝どうありたいか〟に焦点をあてるべきなのです。

それは単に現実への適応行動に終るものではなく、現実の再編成、再建への取り組みが行われる主体的な行動です。言い換えれば、現実への創造的働きかけをともなった、新しい自己像の形成をめざすものです。

「現在の私は、私がありえたでもあろうところのものに対して、悲しくも別れの挨拶をするのだ」とは、フリードリッヒ・ヘッベル（一八一三—六三年　ドイツの劇作家・詩人・小説家）のことばです。現在ある自分は、過去に選択されてきた自分なのです。人は自分の数ある可能性のなかから、たえず何か一つを選択しながら生きていくのですが、啓育はこの選択を意識して行おうという試みであり、当然のこと選択の結果、自分がどうなっていくのかを、予測しておかなくてはいけません。

それが自己像の形成です。そのなかに必要な改善点を盛りこみ、パーソナリティ全体の成長目標として、新しい自己像を形成しなければなりません。啓育でそこまでいかなければ、効果的な行動改善は期待できないといえるでしょう。

2．ことばの反復でイメージを強化する

ことばによる自己像の形成

自己像の形成は、ことばによって行われます。ことばの強化によってイメージが心にやきつき、行動人の動機づけが行われ、そしてイメージを象徴的に形成することによって、将来の結果を現在の動機づけに変換することができるのです。

時実利彦（一九〇九―七三年　大脳生理学の大家）によると、知的なことばの背景にはかならず情動的なことばがあるといいます。ことばは普遍的なシンボルとしてだけではなく、話す人の個性によって濃く彩られるというのです。イメージもバラ色になったり灰色になったりします。たとえば司馬遼太郎がいうごとく、明治を動かした人たちの心に形成されていた未来の日本のイメージは、おそらく青空にうかぶ〝坂の上の雲〟のようだったに違いありません。それ

が日清戦争、日露戦争を闘いぬいたエネルギーを生んだのです。

ことばやイメージが、このような情動に支えられて、未来の自己像を形成すると、それは自らの力を持ち、逆にわれわれの気持ち、状況への対処のし方、ものの見方に変化をおよぼしてきます。これを森常治（一九三一―二〇一五年　早稲田大学教授）は「ことば自体がもつ、またことばが表象する観念がもつエンテレキー」といっています。

エンテレキーとはアリストテレスが用いた概念で、物がその範疇内において完全な状態をめざす傾向のことをいうのだそうです。

人類の歴史のなかで大きな足跡を残した人たちは「すべてある意味では、ことばのエンテレキーの虜になったひとびとであったとはいえないだろうか」と森氏は言います（森常治著『ことばの力学』）。

人間の過去からの脱皮をめざそうとする啓育においては、このことばのダイナミズムの偉力はもっと活用されるべきだと思います。

ディスカッションの増幅効果

ＡＩＡでは、理論を反覆、発展させながら、グループ・ディスカッションのなかでその増幅効果をはかっています。そのため７００以上の質問を用意し、形を変え、角度を変えながら、自己発見と、自己像形成への道をたどらせる方法をとっているのです。

そのため心理学上の原則を応用して、討議をあえて中断していくことによって、記憶に残らせ、興味を持続させていくことも行われます。

こうして30時間近くのコースを終えるときには、心のなかに、豊かな明るい自己イメージが未来に向かってごく自然に形成され、改善行動への動機づけがごく自然なかたちで行われていくのです。

3．心の積極面のほこりを払い光を当てる

長所が伸びれば短所はカバーできる

「同じ水を飲んでも、蛇はそれを毒にし、牛はそれを乳にする」という釈尊の教えがありますが、ものごとをどう受けとめるかがその人の成長に大きな影響を与えます。人間関係におけるいろいろな摩擦も、相手の行動の理解のし方に原因があることが多いのです。

欠点はすぐ目につきますが、よいところはなかなか気がつかないものです。欠点ばかり見ていては、そもそも啓育というものは成り立ちません。少なくともその人に成長する能力があるとみればこそ、啓育は行われるのです。その人を育てようと思うならば、まずよいところを見るべきでしょう。そうすれば、その人の心に積極的イメージが形成され、成長への意欲が生まれるのです。

欠点は、それだけ取り上げて直そうとしても、直るものではありません。どんな教えかたをもってきてもむずかしいでしょう。一時的には可能ですが、それは見せかけの変容にすぎません。啓育は長所に働きかけるものでなければなりません。つねに長所が出るようになればそれでよいのです。長所が伸びてくれれば、短所は結果的にカバーされます。その意味であまり改善ニーズばかりに深入りしないで、人間の持つダイナミズムに期待するほうがよいといえます。長所にしろ、短所にしろ、それは外に現れた行動の結果を対象として、相対的に評価しているだけで、そのようなものがはじめからその人に内蔵されているわけではありません。パーソナリティは一つのまとまりをもっていて、それが状況により現れ方が変って、長所となったり、短所となったりするのです。いかなる短所とみられる特性も、長所となりうる側面をもっています。それに気づかせ、行動に現す努力を啓育で方向づければいいのです。

劣等感もプラスに転化できる

ものごとに対する見方、考え方を変えることによって、このことが可能となります。たとえば劣等感がそうです。次章でとり上げるセールスマンの行動の最大の阻害要因の一つが劣等感なのですが、この感情は、見方を変えれば一転して〝自我発展の意欲〟となりうるものなのです。人間が成長するのに、自分に欠けたものを強く意識することは当然で、だからこそ努力するのです。劣等感は本来、努力の源泉であるはずのものです。いけないのは、劣等感に固着すること。自ら考え方を変える勇気さえ持てば、劣等感はプラスに転化できる特性なのです。

われわれは、自分のよい面に気づいていないことが多々あります。その原因は、一つにはよい面に対するまわりからのフィードバックが一般に少ないということもあるでしょう。あってもあまり気づかない。反対に自分が気になる面については、必要以上に敏感に反応してしまう。決して自信過剰やうぬぼれに陥れというのではありませんが、自分のあるがままの姿から、可能性、方向性を的確に把握して、新しい自己イメージを積極的につくりあげることが大切なのです。

ＡＩＡでは、他人の長所、自分の長所に積極的にライトを当てていきます。そのことが、希望と自信を生み、積極的心がまえを形成して、いつのまにかそのように行動している自分を発見するのです。

4. 評価的フィードバックは間接的強制

自分のことばで語り自分で考える

自分の持っているものを積極的に生かして、人生へ、仕事へ主体的な取り組みを実践することが啓育の目的であるならば、一人ひとりがどんな考えや意見をもって生きようが、その内容は評価の問題ではありません。それぞれが心を開いて、自分のよさ、他人のよさを発見し、それぞれのパーソナリティを確立していくこと、そのことが大事なのです。そのためにはどういう内容の論議があってもよいし、どういう結論が出てもいいのです。それがその人自身のものでさえあるならば……。まず自分自身のことばで語り、自分自身で考えることが先決なのです。

それが自由に自然に行われるためには、内容に対する評価はさけるべきです。啓育の参加者は、はじめは何かを教えてもらえるもの、という期待をもって参加します。ほとんどの人が、ある程度の依存心をいだいてその場にのぞみます。そして発表された意見に対して、啓育をする側からの何らかの評価を期待するのです。

もちろん、正解を求めることが目的であれば、正解を示していかなくてはなりませんが、それを行うことは、答えを方向づけることによって、考え方や意見をコントロールする結果となり、主体性や自発性の発揮を大きく阻害することになってしまいます。自分自身のパーソナリティをどう伸ばしていくかは、その人自身の選択の問題であって、決してコントロールすべきものではありません。考えはそのまま、徹底して受容（賞めることではない）しなければならないのです。

はじめは、参加者の期待が満たされずに、不満を残すことにもなるかもしれませんが、そのうち、そのパワーフリーの状況のなかで、伸びのびとディスカッションが進行し、発表が行われ、心が開かれていくのです。

結果だけの評価はマイナス効果

ものごとを考えるという知的活動において、その結果だけを評価することはマイナスとなります。考える活動は遊びなどと同じで、考えること自体が楽しいから、といった内発的な興味から行われる活動なのです。その過程は目に見えないもので、外側から判断することはできません。結論だけの評価は、その過程の努力を無視することになり、よりむずかしい問題を考える意欲を次第に失わせる結果となります。

一般的に、教える側はどうしても「手本」を示したがる傾向があります。自分の意見を加えたがるのです。吉田松陰は、人は「皆其の己れに似たるを愛す」る傾向があるので、それに似たものをつくり、はなはだしきは己れにおもねり追従するように教えてその過ちを知らずに終る危険がある、と警告しています。われわれが、タテマエとしては自立へと導いていこうとしている人びとに対して、自分の意見で介入することによって、せっかく追求している目的をだいなしにしてしまうことは絶対に避けなければいけません。

ＡＩＡでは、この意味でのいわゆる〝教育者〟を必要としません。コーディネーターという形で、完全な進行係に徹しています。述べられた意見に対して、ノーコメントを徹底して貫くのです。しかし半面、討議の材料や、示範的な考えや事例などは参考として豊富に与えていきます。内容に対する評価のないディスカッション（実はディスカッションのまとめの報告と他のグループの報告を、あわせ聞くことによって、重要なフィードバックが得られるのではありますが）

を、興味をもって持続させる力は、この素材と、プログラムの進行にあります。

それは目的に向かって緻密に組み立てられ、体系化され、マニュアル化されていて、参加者を自然に、全体として方向づけていくのです。ＡＩＡでは、いわゆる〝教育者〟は自らを無用の存在と化することによって、有用になるという逆説を実践することになるのです。

5．自己発見、自己改革のグループ・ディスカッション

二宮尊徳と〝芋こじ〟

ＡＩＡではグループによるディスカッションによってお互いを高めるという〝グループダイナミックス〟を活用しています。ところがこれと同じことを遥か以前に唱えていた人がいました。それは二宮尊徳です。

二宮尊徳といえば、戦前には小学校の校庭に必ず少年時代の「二宮金次郎」の銅像が〈勤勉と孝行〉の象徴として立っていたというイメージが強過ぎて、あの渋沢栄一が高く評価してやまなかった彼の本質、すなわち〈企業家マインド〉を見落としがちです。しかし現代においてその業績を冷静にみれば学ぶべきことが多く、たとえばその一つが〝芋こじ〟です。

〝芋こじ〟とは「芋をこじる」という意味で、桶のなかに里芋と水を入れてかき回すことを言

います。こうすると芋と芋とが擦れ合って、どの芋も傷つくことなく綺麗になっていくという現象で、そこに集団研鑽の原理を見出したのが二宮尊徳でした。

二宮尊徳が生きた江戸後期は、文化・文政のいわばバブル経済がはじけ、徳川政府は「天保の改革」と呼ばれる大規模な改革を行っていた時期でした。改革の中心はリストラであり、どことなく今の日本経済の状況に通ずるところがあります。泰平の世に階層を問わず人々には怠惰な心が生じ、多くの田畑もまた放っておかれ、収穫は大幅に減っていました。尊徳はこれら荒廃した農村の復興に取り組み、注目すべき成果を上げたのです。

その折りに重視したのが農民同士による話し合いでした。農民自身による自己改革がない限り、また農村の復興もないことを熟知していた尊徳は、それを生みだす場として農民たちに集会を持つように指導しました。この集会のことを〝芋こじ〟と呼んでいたのですが、まさにこれは〝グループダイナミックス〟と同義なのです。

〝片こと社会〟では通用しない

現在の企業内研修では、グループによるディスカッション方式はもう常識になっています。

しかし、その効果は一様ではありません。グループ・ディスカッションは、そのメンバーの考えが伸びのびと発表され、しかもお互いの啓発により、その総和以上のものが結果として期待できるものでなければ、効果があったとはいえません。

ところが実際には、発言力のあるものに押さえられたり、遠慮して黙ってしまったり、他人を傷つけまいと気をつかったり本音で語れないで終ることが多いのです。

ディスカッションによる集団思考を効果あらしめるためには、一人ひとりの考えが伸びのびと発表されることが第一の要件です。

そのためには、まず自分自身を表現する力が必要です。自己を語ることは、まわりへ自分を正しく理解してもらうということだけで意味があるのではありません。それは、まわりへ自分をさらすという勇気を持つことによって、自己防衛の不安から己れを解放することなのです。それは、漠然たる体験の集積と、あいまいな固定観念のワクを突き破って自己を根底から考え直すという、自己改革の契機をはらんでいるのです。しかもそれは「表現した内容によってではなく、表現するという主体的行為そのものによってそうなるのである」とボルノウ氏（一九〇三―九一年　ドイツの哲学者、教育学者）はいっています（O・F・ボルノウ著『言語と教育』）。

自由な自己表現を促進させるのは、実は〝聴く〟態度なのです。相手の考えをそのまま受けいれる姿勢なのです。ＡＩＡでは〝聴き上手〟ということばでそれを徹底させていますが、その基本にあるのは、心の多元性をみとめる態度です。〝忍耐力〟であり〝謙虚さ〟です。それは自己執着の克服にもつながるもので、すでにつくりあげた自分の立場をあえてのりこえ、心を開いて相手に耳を傾けることなのです。

〝自らを改革する〟討議が必要

話すことにせよ、聴くことにせよ、その重要性を知識としていかに極めようとも、それだけでは意味がありません。形として実践を繰り返していくうちに、その心を会得することになるのです。

相互理解というのは、本来ストレートに成立するものではありません。人間同士が理解し合うのはむずかしいということを理解しなければなりません。それを承知のうえで理解への努力を重ねることが人間関係の原則なのです。意見の違いを大切にし、また誤解をおそれてはいけません。むしろ誤解こそ、新しい相互理解の領域へ発展させる契機となるものなのです。コミュニケーションとは受け身だけで済まされるものではありません。積極的に全力でぶつかる必要があるのです。

相互理解を深める努力の過程で、お互いが自己発見し、改革を遂げていくこと、これが啓育の場におけるグループ・ディスカッションの意義です。相手を変えるために討議が必要なのではなく、自己自身を改革するためにこそ討議が必要なのです。それは改革させられるという受け身の姿勢ではなく、グループの関係のなかで自らを改革するという積極的な心構えの基本なのです。

AIAコースには、教師と生徒の関係はありません。トレーナーとトレーニーとの関係もありません。すべての参加者が主役であり、グループのメンバーがいれかわりながら相互啓発をすすめていきます。リーダーももちまわりです。コースの冒頭において、〝聴き上手〟の実践を体験させたうえで、ディスカッションにはいっていきます。時間を区切ってスピーディーにすすめていくので、知らず知らずのうちに参加者が引きこまれ、自分を語っていくようになるのです。

第六章　営業力を科学する

1．TOS開発のいきさつ

TOS（Textbook Of Salesmanship）の開発を手がけたのは、実はAIAよりも早く、そういう意味では、TOSはわれわれグループダイナミックス研究所の原点だともいえます。

昭和四十五年、私はそれまで勤めていた丸紅を退社しました。大学を出てすぐに入社し、渡米してハバフォード大学でリベラルアーツ、哲学を学び、ダートマス大学で企業組織理論やマーケティングを学んできた私は、帰国して職場に復帰しました。商社は人財がすべて、そこで人の能力を引き出し開発する「人づくり」の仕事をやってみよう、と思うようになりました。

退社してからの私は、丸紅の人事研修室から協力を求められた組織開発（OD）の仕事とともに、リーダーシップ開発、中堅幹部養成とモティベーション思考などについての研修活動を展開していました。その多くが企業内での研修でしたから、対象はミドル・マネジメントであったり、現場の営業担当者にまで及びました。

その研修を続けているうちに、私はある大きな欠陥に気がつきました。それは、どの企業も本格的な営業力開発をしていない、ということでした。当時は高度成長期の真っ只中で、ものを作りさえすれば売れるというムードに任せて企業内の要である営業力強化がおろそかになっていたのです。早急にセールスマンシップに関する体系的で本格的な内容の育成方法を考えなければ、この欠陥が企業の成長体質を弱める大きな原因になる、との危機感を抱いたのです。

その時ちょうど、こうした不安や危機感に答えてくれるテキストが洋書のコーナーで見つかったのです。それが「テキストブック・オブ・セールスマンシップ」でした。

このテキストが生まれたもっとも大きな要因は、一九二九年に起こった世界大恐慌でした。それまではセールスマンといえば、どちらかというと生まれながらに才がある人間、つまりセールスに適した人財があるという考え方でしたが、大恐慌を迎えていよいよ企業は非営業部門の人たち、とりわけ技術者たちをいかに営業に回すかということが重要な課題になっていました。そこで初めて、セールスというものに科学的にアプローチしなければならない、プロのセールスパーソンの体験談を聞くだけでなく、科学的に分析して誰にでも営業力を発揮できる方法論を確立しなければならない、ということになったわけです。

以後、今日に至るまで、社会の変化に応じて、内容も十一回にわたって改められています。その間にマグロウヒル社のロングセラーとして普及され、広く世界の人々に愛用されて、彼らに適切な方向づけと勇気を与えてきました。それというのも、このテキストが古典としての重みを増していたからです。

著者は、米国ビジネススクールのマーケティングの分野では国際的に有名なリチャード・ブスカーク博士ほか二名の教授です。幸いなことに彼らはいずれもビジネスの分野では実践家としても知られており、状況に応じた具体的な事例がふんだんに取り込まれていました。

そしてこのテキストは、ある一つの重要な目的のもとに書かれていました。それはこのテキストが、教える側にとっても学習する側にとっても、理解しやすく使いやすいということでした。つまりこの本は、日本に初めてセールスマンシップを広めていくには、願ってもないテキストだったのです。

このコースが今に至るまで変わらぬ価値を持ち続けていることの証として、当時、慶応義塾大学ビジネススクールの校長だった片岡一郎氏の次のようなことばを掲げたいと思います。

「これからのセールスは勝敗を決める競争ではなく、お客を消費者でなく生活者として考え、生活者の持っている問題を効果的に解決する能力のいかんにかかっている。営業力は営業担当者の全人格が問われる能力開発が求められるという。このテキストを活用したセールス研修は、そうした発想の転換をはかる機会を与えてくれる。と同時に、セールス・トレーニング方法に状況対応能力を高めるケース・メソッドの手法を取り入れているのもユニークだ。いずれにしろ、TOS方式は、大中小企業すべて、日本の営業担当者にとっての金字塔になるものと確信する」

ここで先生の主張されたことは、概ね以下のように集約できます。

すなわち、消費者を〝購買力〟と考えずに〝生活者〟と考えること。お客さまを購買力と考えると所得を奪うことになりますが、生活者と考えれば、マーケティングは財とサービスを提供する方向で展開しなければいけません。セールスはものを売るのではなく、その商品から得られる価値や効果を提供する。だからアプローチの中心は、お客さまの抱えている問題を解決すること、つまりセールスポイントではなく、お客様の購買動機（Buying Motives）に焦点をあてたものにならなければなりません。つまり今までの「ニーズ」を中心としたプレゼンテーションではなく、「ウォンツ」中心のプレゼンテーションが必要になるのです。

そのため、セールスに携わる人財に求められるのはセールス・スキルだけでなく、究極的には人間力（知力・気力・健幸力〔心と身体の健やかさ〕の総合力）であり、全人的能力なのです。

果たして今まで、こうした視点から営業担当者の育成がなされてきたでしょうか。

また、二〇一四年一月六日付けの日本経済新聞では、コロンビア大学教授のジョセフ・スティグリッツ氏の「世界には圧倒的に総需要が足りない」という意見を紹介しています。（グローバル・オピニオン）現代においてセールスマンシップとは、いわばこの「需要」を創造するという重要な役割を担っているともいえるでしょう。

セールスマンシップとは、お客さまを説得し動かすことです。なぜお客さまが動くかといえば、それは営業担当者が信頼でき、この人なら自分がいま抱えている問題を解決してくれるだろう、と信ずることができるからです。そこでは営業担当者の全人格、人間性（パーソナリティ）が問われることになるのです。

このセールスに対する考え方は、高度成長期がとうの昔に終わり、バブルがはじけて以後、経済の長期低迷期から抜け出せない現在に至っても、いや、需要が冷え切った現在においてはなおさら、変わらない輝きを持っていると思います。

2. TOSの実際

ねらいと効果

現在、長期的な景気低迷、激変する産業構造のなかで、多くの営業担当者は己の限界を感じ、消極的になり、場合によってはやる気も失っています。そして経済全般もマインド不況に陥っているように思われます。

このような時には、プレゼンテーションスキル研修などの断片的な営業研修や、講師による叱咤激励型研修、プロの営業体験談などでは、一時的な研修の自己満足に終わり、継続的に営業力のレベルアップを図り、営業実績に結びつく研修にはなりにくくなります。そこに必要なのは、営業に対する自分なりの哲学とセールスに対する体系的な理論に基づく営業マインドやセールス技術であり、そのためにＴＯＳの研修は非常な効果をあげます。ＴＯＳによって、内発的なやる気のある「営業のプロフェッショナル」が育成され、その結果、自分にとっての営業職の存在根拠・レゾンデートルが明確になり、自信と勇気を持って営業に邁進する人財の育成が可能になるのです。

そのための営業力強化には、次の7つの要素に取り組む必要があります。

①セールス理論の再構築
②ワンパターンでないセールス・トークの組み立て能力
③状況判断能力
④心構えとやる気
⑤部下の指導能力
⑥目標創造と行動力
⑦現場でのフォローアップ

（次頁　図参照）

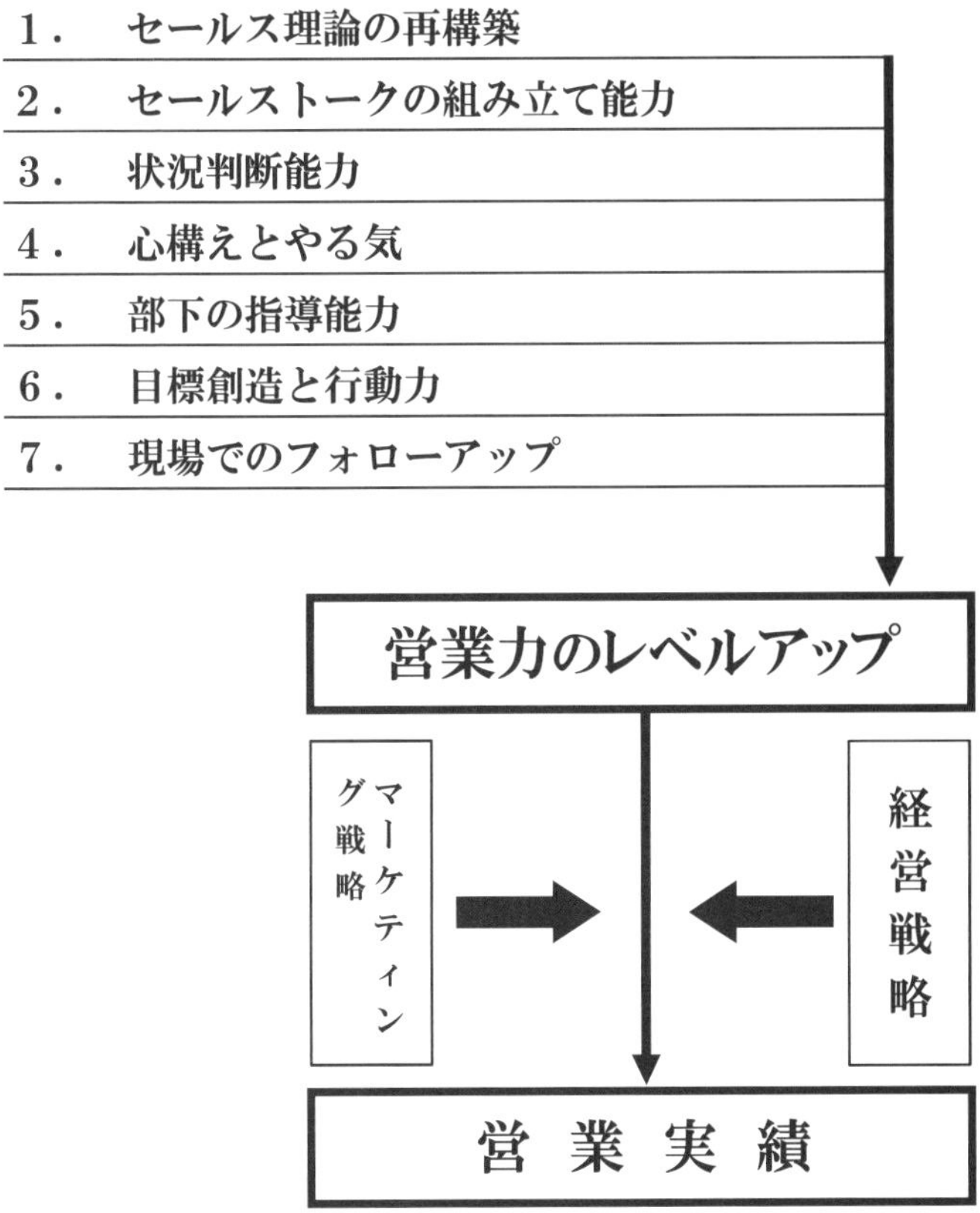
1. セールス理論の再構築
2. セールストークの組み立て能力
3. 状況判断能力
4. 心構えとやる気
5. 部下の指導能力
6. 目標創造と行動力
7. 現場でのフォローアップ
営業力のレベルアップ
マーケティング戦略
経営戦略
営業実績

こうした7つの要素に対策を講じて営業力のアップを図るのですが、その結果を営業実績に直接結びつけるには、営業管理者の競合他社に対するマーケティング戦略、更に経営戦略のサポートが必要になります。それはさておき、ここでは「営業力強化」そのものに取り組むための7つの要素を説明します。

①セールス理論の再構築

営業に成功するか失敗するかには、必ず理由や原因があります。従来はそうした理由や原因の判断は、営業担当者個人の力量に任されてきたところがあります。そして部下を指導する場合も先輩の後姿で学び、叱咤激励で教え込まれてきました。しかし、仕事に対するモラルや使命感の低下、人財の流動化が激しくなってきた今日、今までの指導方法では、営業ノウハウや価値の伝承が困難になりつつあります。

そこで、営業担当者が自分自身で日々の営業活動での失敗・成功の原因を分析できること、次に向けての対応の方法を理論武装することが必要となります。

また、それができないと、部下の指導でも叱咤激励か放任か、自分の体験談のみで具体的な助言ができず、限界に直面してしまいます。

②セールス・トークの組み立て能力

従来の多数のセールス・トレーニングでは、どちらかというと「かくあるべし」ということを教えてきました。このような考え方を規範的思考といいますが、これからの営業は、状況思考でなければ顧客対応ができません。

たとえば、商談はかなりきめ細かなパターンにのっとって行われる場合もあるし、逆に非常に弾力的に処理した方がよいこともあります。このような状況思考、顧客の問題解決のプロセスにのっとったセールス・トークの組み立てが必要になります。

そのためには、①で述べた営業の基本を理論武装し、その考え方を顧客の問題解決に応用できなければなりません。

また、この応用では、会社がセールス・マニュアルを作ってくれるのを待つのではなく、営業担当者一人ひとりが自分自身で営業の状況に応じたセールス・マニュアル、あるいはセールス・トーク・マニュアルを作る能力を身につける必要があります。それができないと、その場その場の成り行きで話が展開していき、どこで間違いや失敗を犯したのかがわからなくなり、部下指導も不可能になります。

したがって、ここでは状況に応じたセールス・トーク・マニュアルを作ることを実践します。

③状況判断能力

通常、営業は「プリアプローチ」から「クロージング」まで、セールスの段階にのっとってプレゼンテーションの準備に入ります。

そこで、営業力のトレーニングにプレゼンテーションのスキルを強化することが行われます。

ところが、営業が成功するか失敗するかは、こうしたセールスの段階で起こるのみではなく、総合的な営業活動の全体の中で起き、失敗の要因は、その時々の判断ミスによることが多いのです。

たとえば、相手の特殊な人間関係の状況を把握できなかったために競争相手に負けるとか、顧客のクレーム処理で技術的な説明の時に相手をセールス・エンジニアが非難してしまったとか、さまざまなことが営業活動の中で起きます。

こうしたことは営業担当者の経験によって学べばよい、ということになると、時間もかかり、失敗の損失も累積していきます。営業活動では、限られた情報、歪められた情報、また制約された時間の中で、顧客の状況を分析し、競争相手より一歩先んじて可能な対策を立てる洞察が要求されます。こうした分析、洞察を営業担当者は身につけるトレーニングが必要です。

④心構えとやる気

「一流の営業担当者は大抵、知的な能力よりもむしろ精神的な心構えによって成功している」と言われています。

ある大学が、営業担当者として成功するための資質について、知性、商品やセールスについての知識、セールス技術、心構えの4項目について調査を行いました。その結果、知識と技術がセールスに貢献するのはわずか7パーセントに過ぎず、残りの93パーセントは、営業担当者の心の持ち方によるものだということがわかったというのです。

「営業は断られることから始まる」と言われるように、現実には営業が思い通りにいかないことは多いのです。売れない原因が景気の良し悪しではなく、営業担当者の心の中にあることも多いのです。成功している営業担当者は、失敗もまた成功の一部だと考えているものです。こうしたことから行動力が生まれ、やる気が起きてくるのです。

プロの営業担当者は自分の存在根拠・レゾンデートルが明確なので、自己イメージをいつもプラスに保つことができて、営業職に自信と誇りを持っているのです。営業力強化の研修では、こうした心構えとインセンティブではない内発的やる気を養うことが不可欠なのです。

⑤部下の技術指導

上司が有能な営業担当者を育てなくなる理由の一つを示唆するような話が米国にあります。

「もしあなたが有能な営業担当者を育てるのに成功すれば、会社はもはやあなたを必要としなくなるだろう。あなたが育てた若い部下を、もっと低い給料で使えるからだ」

こうした傾向は、年功序列、終身雇用が崩れ、また成果主義人事を取り入れようとしている日本でも急速に広まりつつあります。多くの経営管理者も、場合によっては50％近くがプレイング・マネジャーとしての役割を負わされている場合もあり、限られている時間の中で部下の指導をする精神的なゆとりを失っています。

また場合によっては、具体的な営業指導をする技術も知らず、勘と叱咤激励でやる気を起こそうとしている中間管理者に委ねられていたり、または放任状態というケースも見受けられます。

この対策については、会社がコーチ型指導哲学を認め、評価しない限り、中間管理者は本格的に部下の人財育成計画に取り組めません。更に、営業活動そのものが、個人プレーで行われるのではなく、チームを組んで展開されるとなると、チームの生産性を上げることのできるノウハウを持った「適切性・suitability」のある営業管理者を育てなくてはならない時代にも入っています。

⑥目標創造と行動力

営業職に携わる人々は、必ず営業目標を持っています。また目標による管理（ＭＢＯ）によって成果が評価されています。

ところがサラリーマン社会では、無意識のうちに「エネルギー節約の法則」が働き、最小のエネルギーで最大の効果を上げようとするため、売上目標を低めに設定する傾向があります。

そこで、会社はインセンティブや成果主義の評価で動機づけをしようとします。しかし、これはあくまで外的意欲を刺激しただけで、一時的であり、この方法だけでは「やらされ気」を持たされるのみで、本気で自分の持てる能力を出そうとしません。

これに対する対策は、意欲を上司や周りから言われて行動を起こす「やらされ気」ではなく、セルフ・モティベーション、すなわち「内発的やる気」をベースにした意識に改革していかなければなりません。自発的な行動力を高めるには、自ら動く内的意欲を喚起し、〈志〉を持って一人ひとりが行動化への意思決定を行う必要があります。

この行動化への意識改革は簡単ではありませんが、その方向に向かわなければ企業の営業活動は失われ、いずれ競争に敗れることになります。

⑦現場でのフォローアップ

営業強化の集合研修は、学んだことを現場でフォローアップすることによって、実践的な効果に結びつきやすくなります。

また、学んだことを現場でフォローする効果測定を行うことによって「ミラー効果」が生まれます。「ミラー効果」とは、自分を鏡に映す効果で、研修後の進歩の度合いを自己チェックすることによって、実践での営業活動を確認していきます。

たとえば、セールス・トーク・マニュアルはどのように活用しているか。成功・失敗事例の分析やノウハウを他の部門にどう情報として提供しているか、なども含まれます。

通常、現場でのフォローアップは、研修が終わり一ヵ月後、二ヵ月後、三ヵ月後、の効果測定、更に六ヵ月後、一年後と続く場合もあります。そうしたフォローアップが、営業担当者の自己反省や改善に結びつき、効果の持続を助けるのです。

TOSの目的は、セールスの基本を理論武装することにあります。そして「全社員がセールスマンシップを！」という意識改革を起こせるよう、次の3点を重点目標としています。

1. 日々のセールス活動の反省・改善と、状況に応じた自分のセールストークの作成能力向上
2. 営業責任者の指導技術とリーダーシップの向上
3. セールス哲学（セールスの本質を追究する）のマスターと世界に通用する〈志〉のある営業力の開発

研修方法

一般に研修終了時には気分も高まってやる気が起きますが、その効果がとかく一過性で終わり、態度変容まで至らず、学んだことを実践で応用できないで終わっている場合が多く見受けられます。

そこでTOSでは、参加者主体のグループダイナミックス方式によるディスカッションを活

用します。知識として教わるのではなく、参加者一人ひとりが知力、気力を生かして自分たちの意見や判断を出し合い、相互啓発を通じて営業活動の真髄を理解し、行動に移すヒントを体得するのです。

その学習は、次の三つのプロセスを通じて行われます。

プロセス1：溶解・Dissolution

今までの固定的なセールスのイメージから解放される

【ディスカッション】

プロセス2：移行・Transition

プロフェッショナルとしての営業力を身につけ、全社員がセールスマンシップへの意識改革を行なって営業マインドと高度な営業スキルを身につける

【ディスカッション】

プロセス3：凝結・Condensation

営業担当者一人ひとりが目標創造と実践行動への意志決定を行う

【自己決定と自己宣言】

なぜかといえば、従来のかくあるべきという規範的思考を講義方式で教える研修では、研修効果を十分に現場に活かすことができないからです。

「AIA・心のアドベンチャー」を開発したボブ・コンクリンは、「講話を聴いただけでは、16日後には100人のうち2人しかその内容を覚えていない」と語っています。

また、第二次世界大戦中の米国で、子どもたちに栄養補給のための臓物を食べさせる実験が、2つのグループで行われました。一つのグループでは、栄養士が母親たちに、いかに臓物が子どもたちの栄養に大切かを説いてもらいました。そしてもう一つのグループでは臓物を食べさせることの意味を、母親たちにディスカッションしてもらったのです。さて、四週間後、どちらのグループが実際に子どもたちに臓物を食べさせていたでしょうか。

それはディスカッションをしたグループの母親たちでした。母親たちの中に、グループ・ディスカッションを通して、グループダイナミックス（可能動態変化）が生まれ、行動しようとする兆しが生まれ、実際に行動を起こしたのです。

人づくりに携わる名人と呼ばれている人はグループダイナミックス方式をよく使います。前述した二宮尊徳や、また吉田松陰もこの手法を使いました。人づくりのプロといわれる人たちはグループダイナミックスという呼び方はしないまでも、そういう手法を使って人々の意識改革を起こし、実践力を開発してきたのです。

さて、大脳生理学者である千葉康則教授（一九二五―二〇〇四年　法政大学名誉教授）は、TOSの書評において次のように言っています。「セールスというのは、ただ物を売ったり買ったりするという技術だけではありません。TOSのテキストは、セールスの単なる技術や企業のエゴについて書かれたものではなく、ものの売買を介しての人間関係や人間学の基本からセールスを論じているのです。あるいは、人間を論じているからなのです。」

またセールスマンシップというのは、セールス技術、リベラルアーツ、および〈志〉の3つが交叉するところに真髄があります。（次頁図参照）〈志〉のある営業とは一体何か、ということを今後は哲学し、追求していくことが、営業の世界で求められるのではないでしょうか。

セールスという仕事は専門の仕事です。一生をプロとして志(こころざし)を持って成長し続ける価値のある誇り高い仕事です。積極的な心構えを持ち、仕事を志事 (しごと)として自信をもって進んでいけます。

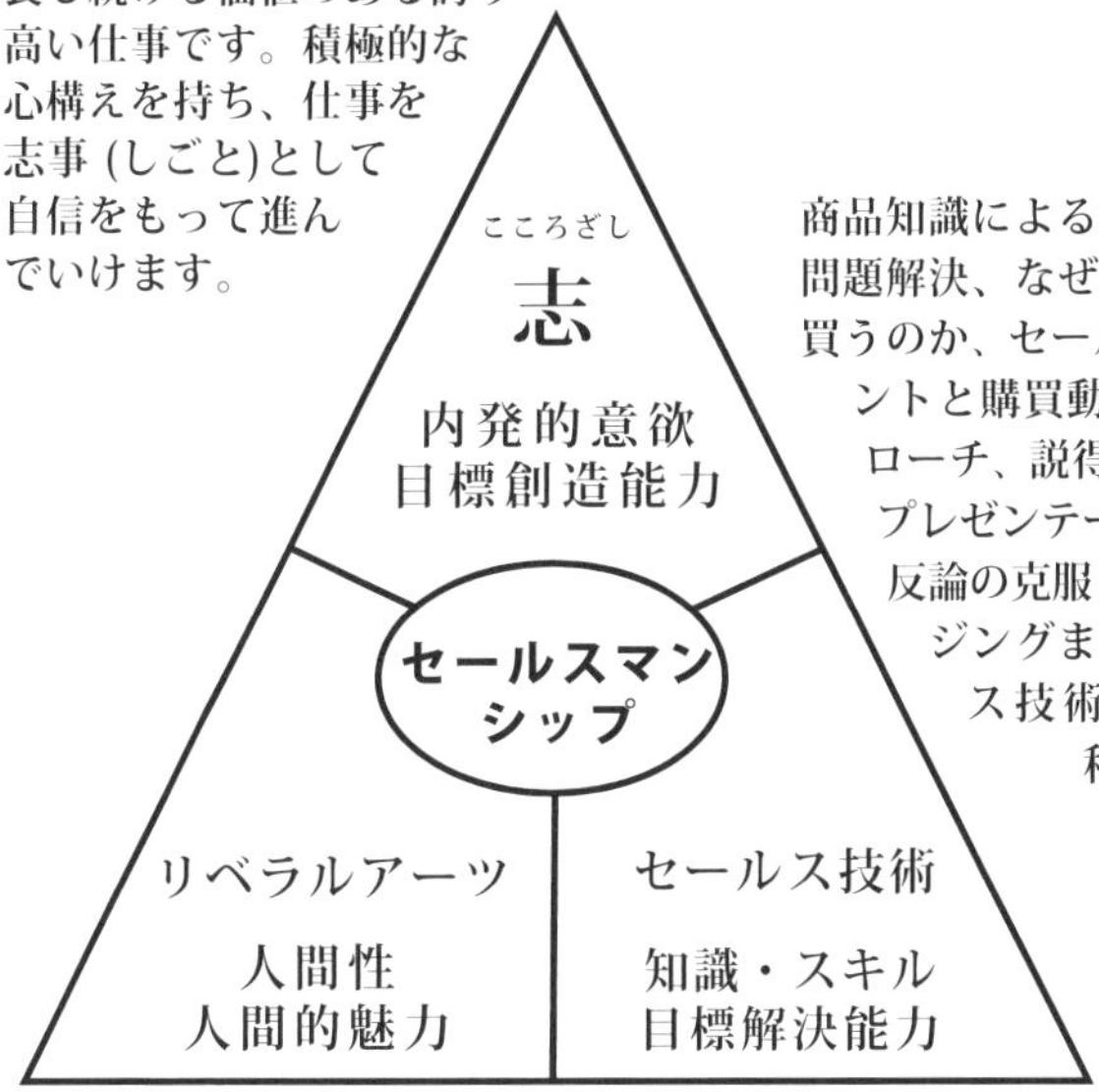

商品知識によるお客様の問題解決、なぜ人は物を買うのか、セールスポイントと購買動機、アプローチ、説得の技術、プレゼンテーション、反論の克服 、クロージングまでセールス技術は必修科目です。

セールスの単なる技術だけではなく、人間性の幅を広げ、人間的魅力、深い洞察力を磨くことが大切です。

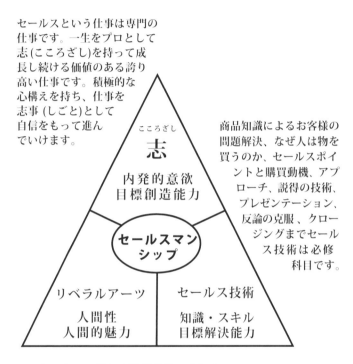

3. これからの時代のセールスマンシップ

成果主義がセールスマンシップを向上させたか

この二、三十年で日本企業が「右にならえ」で取り入れたのが「成果主義」です。けれども成果主義を唱えた途端、みな自分の仕事の成果を目標にします。そこに問題が生じるのは、チームワークが乱れることです。また目標が短期指向になり、達成可能な目標しか設定しないので、次第に難しい課題から逃げるようになり、自然に全体の目標が低くなるのです。

それからもうひとつ重大な傾向があります。それは上司が部下を指導しなくなったことです。この傾向がとりわけ営業の世界では強いと言われています。特に業績を上げているトップセールスマンほど、自分のノウハウを部下に伝えなくなる。なぜなら、教えたら、場合によってはその部下が競争相手になってしまうからです。すると会社のなかに培われていくはずのノウハウが、結局は部下に伝達されなくなる。いま人づくりにあまり力を入れなくなっているということの原因の一つが、この成果主義の弊害なのです。

もちろん、故意に「教えない」という場合もあります。たとえば禅寺における師匠と内弟子の関係です。外弟子には教えるけれど、内弟子には教えない。なぜなら外弟子からは月謝をとっているからです。じゃあ内弟子のほうが歩が悪いじゃないか、というとそうでもありません。たとえば将棋の世界でも内弟子には教えませんが、最終的には内弟子の方が勝ってしまいます。それはなぜかというと、内弟子が師匠の近くにいて学ぶのは細かい技術論ではなくて、アティテュードだからです。アティテュード、すなわち「心構え」です。アティテュードというのは傍らにいて見て覚えるものですから、ことばにして教えることはできません。けれども自然に身に付いたアティテュードというものは決して忘れない。どころか一旦身につけてしまえばそれ以後の吸収力がすごいのです。具体的な技術論はそこから急速に具わっていきます。ただし、これは教える方、また教わる方に並大抵でない資質を求められるので、あまり一般的ではないともいえます。

それからもうひとつ。第一章でも触れましたが、経営者がサラリーマン化したことによる弊害もあります。

最近はようやく人財育成の大切さに気づきはじめてきたという声もありますが、だいたいがサラリーマン社長というのは長期投資をしなくなるのです。なぜかといえば、株主によって評価されるのは短期の成績だからです。このことについてはTOSを開発したブルース・ブスカーク教授から次のような指摘をされたことがあります。「日本はアメリカの短期志向の悪い面を取り入れてしまった」と。かつて日本企業は長期戦略をもっていて、たとえば品質管理などについては長い目で社員を育てていた。ところがそれを失った途端に活力も失ってしまったというのです（本書終章参照）。

いま、日本がかつては強いと言われていた「ものづくり」の分野においても、かなりの頻度で事故が起きています。こういうことなども、今後問題視していかねばならないと思いますが、実はセールスマンシップを鍛えることで、いわゆる「ポカミス」もなくなっていくのです。

営業活動の基本を科学しなかった間違い

二〇〇一年にノーベル経済学賞を受賞したジョセフ・スティグリッツ氏が「世界は総需要が足りない」とデフレ経済の問題点を指摘したことは、155頁で紹介しました。これは今から六年ほど前のことですが、その後も日本の「失われた経済成長」は、営業力を発揮する絶好のチャンスにもかかわらず、今も続いているのです。それに呼応するように、セールスに関しても新たな局面が到来しましたが、営業担当者の抜本的な意識改革と対策は取られませんでした。

そもそも、日本語の「営業」ないし「営業担当者」ということばは、英語に訳せない独特な意味を孕んでいます。日本においては「営業」という仕事は、販売もするし、販売の仕組みづくりもする。顧客のニーズに応じて製品の企画開発、製造や価格決定までをもテリトリーにしている場合が珍しくありません。「営業担当者」の仕事がこのように多岐にわたっていると、英語の「Salesman」でも「Businessman」でも言い表すことができないのです。

日本の戦後復興期から高度成長時代までを支えた営業担当者は、まだ情報として形を整えていないようなマーケットのかすかなシグナルをキャッチして、ビジネスを創造してきました。また、市場をすごい膂力《りょりょく》でのし歩くパワーも持っていました。「会社は自分ら営業が支えている」「自分は営業からの叩き上げだ」と胸を張る人がたくさんいました。

問題はこういった営業担当者の個々人の感覚、思考力、熱意に依存しっぱなしで、それらを普遍的、科学的に解明して万人が共有できる資産にするという動きがなかったことです。

日本の営業担当者のこういったきめ細かな仕事の進め方は、市場が日本国内に限られていた時代の営業なら、考え方にも感じ方にも共通の基盤がある日本人同士の間でのビジネスなので、充分に通用し、力が発揮できました。しかし、グローバル時代にはいって、ことばも文化も歴史も違うという国際市場では、今までの価値観は通用しにくくなり、体系化や普遍化に優れた欧米に、またそれらを一つにつなげてコンピュータに載せたＩＴに負けてしまったのではないでしょうか。これが一九九〇年代から今日までの日本経済の長期営業不振のひとつの要因になっていないでしょうか。

ＩＴとセールス力

現在使用しているＴＯＳの11版では、「ＩＴとセールス力」という章を新たに加えました。その理由は、今日においてはセールス活動にＩＴが及ぼす影響について、正しく理解しなければならないからです。

確かに、コンピュータ等による情報の活用は、企業のマーケティングやセールス戦略を実現するのに大きな貢献を果たしてきました。しかし、その一方で、ＩＴによってもたらされる膨大な量の情報とコミュニケーションを処理しきれず、お客さまと直接対話するという本来の営業活動の原点ともいうべき時間が奪われてしまうだけでなく、思考力、発想力、創造力なども劣化してしまうといった弊害も目立つようになってきたといわれています。

これまで営業担当者にもっとも必要だったのは、情報交換に長《た》けているという資質でした。インターネットはこの情報交換のバランスや知性を根本から変えてしまったのです。インターネットの出現以前には、買い手は購入の決断をするために、情報源を営業担当者に求めなければなりませんでした。その情報はしばしば偏見に満ちている場合があったことはご承知のとおりです。現在の買い手はインターネットでちょっと調べただけで、営業担当者より知識を持っている場合が多いのです。彼らは市場のあらゆる製品を調査しています。価格も比較済みです。製品を使った人々のレビューも、すでに読んでいます。

こういう状況なので、今日の営業担当者は、顧客に接して数分以内に販売締結交渉に入っていることが多いのです。しかも、それはなかなか手ごわい交渉です。彼らはすでにインターネットを通して出来ることの限界を知っているので、インターネットのような公共のフォーラムでは得られない知識を活用して交渉に臨もうとするからです。

また、テクノロジー革新のペースがどんどん速くなるにつれて、ビジネスのペースも速くなっています。数年前には営業担当者は「その製品やサービスは今でなくてもいい。来年か、あるいは予算がついた暁でいい」などという断り文句をよく耳にしたものです。企業は今ではもっと速く動いています。あなたに話を持ちかけたということは、相手はすでに買う気になっている場合があるのです。セールス情報収集の機能は、いまや電話や訪問からインターネットなどの情報源に移っています。顧客を知るためや、製品サービスの情報を提供するために電話をかけることは少なくなってきたかもしれません。だからといって、顧客と信頼関係を築くことに意味がない、というわけではないのです。緊密な人間関係を作るには、前にもまして人間的接触や長年の経験が必要になっています。そして、信頼関係を築くことが長期間にわたって収入の流れを引き寄せることに、ひいては市場で実際の力を得ることになるのです。

ＩＴはセールス技術と同様に手段であって、目的は「お客様の問題を発見したり、解決するセールス活動を行うあなたの〈志〉はなんですか」という問いに始まるといえます。

ＴＯＳにおいては、ＩＴを営業活動にどう活かしていくか、今後はまた、テクノロジーとリベラルアーツをどう連関させていくか、つまりものづくりの技術であるテクノロジー（匠術）をセールスにどう応用していくかについて考えています。

匠術《たくみ》で仕事《しごと》を志事《しごと》にしよう

日本のものづくりや人づくりには、古くから〝技術〟と〝芸術〟の区別はなかったと言われています。たとえば、縄文土器の創り方がその例です。縄文土器には実用を超えた装飾を縁に施し、容器を楽しんだのです。

匠術《たくみ》、すなわちTachminology《タクミノロジー》には、技術的あるいは専門的という以上の能力、「巧みである」というだけでなく、より広い分野の博識や見識、知恵が求められていました。そして、作品に感銘を与える高い芸術性や独創性を求めたのです。そうした考え方が、日本のものづくりや人づくりに求められたのです。

また匠人《たくみ》は〈志〉をもつことによって、専門家や職人のレベルを超えて、より高い価値ある目的に向かってやる気を起こし、芸術的なレベルにまで志事《しごと》を高めることを人生の目標や目的にしたのです。

Technology（技術）とInnovation（イノベーション）の関係が現代文明の特徴にあげられていますが、最近はＩＴ（Information Technology）断食なども話題になっています。また、一五一七年に始まったルターの宗教改革以降の現代文明の特徴の三つ、民主主義、資本主義、技術革新がすでに壁にぶつかってしまったと警告を発している学者もいます。こうしたなかで、日本のものづくりや人づくりには、Technology（技術）とはニュアンスが異なるTachminology《タクミノロジー》

（匠術《たくみ》）という概念を作り上げてきました。その関係を簡単に図にすると、下のようになります。

匠の精神を持った営業担当者、世界中のどこにパラシュートで降ろされても、尊敬され、その地域に根ざした営業活動ができ、地域の人々に好かれる〈志〉のある営業担当者の養成が求められているのです。さらに、営業活動に哲学・信念、志を持った人財の育成が求められています。すなわち経世済民（経済）で世の中を治め、人々の生活をより豊かにすることに、セールスマンシップで貢献することを志す人財をどうやって育成していくかが、これからの人づくりの課題なのです。

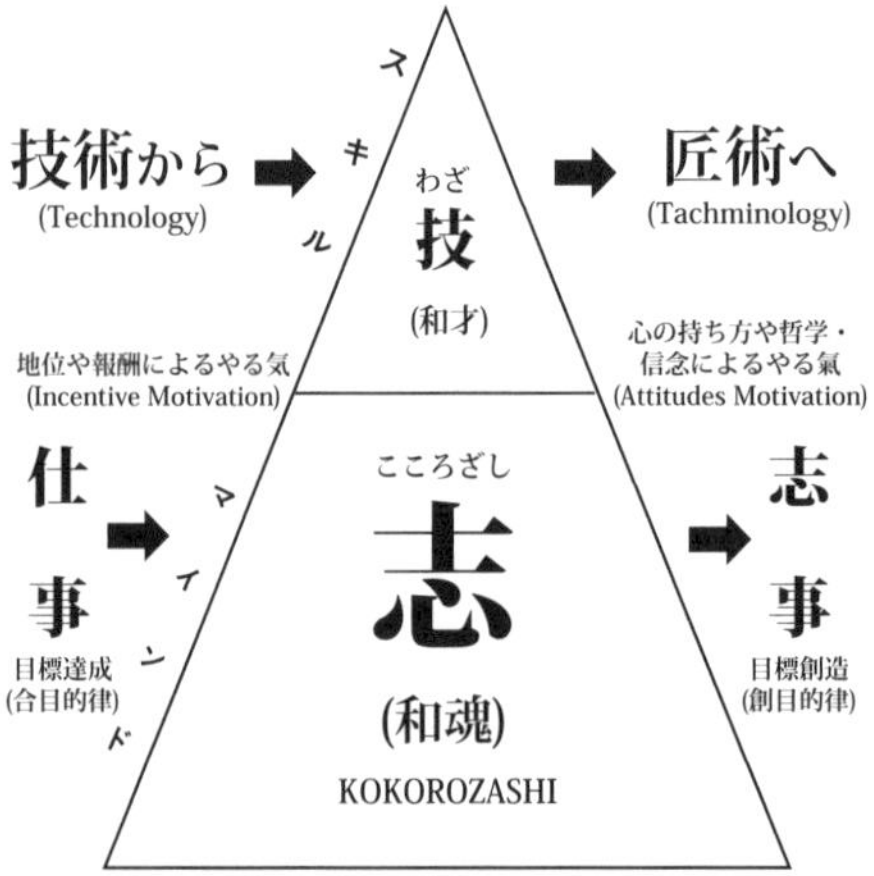

第七章　親の勇気づけプログラム・STEPについて

二〇一九年五月に、川崎市で五十一歳の男性がスクールバスを待っている子どもたちや保護者の列に刃物を持って襲いかかり、何の抵抗も出来ない子どもたちを次々と刺したのち、自らも首を刺して自殺するという事件がありました。最終的には被害者のうち二人が死亡、十八人が負傷するという大惨事となり、世間を震撼させました。

この犯人が長年の「ひきこもり」状態にあったこと、いわゆる「拡大自殺」であったことなどで、多大な社会的な議論を巻き起こしましたが、さらに痛ましいことに、この事件の報道を受けて、自らの子どもも「ひきこもり」であり、同じような事件を起こして世間に迷惑をかける恐れがあると思った七十六歳の元農林水産省事務次官が、四十四歳のわが子を包丁で刺し殺したという悲惨な事件を誘発しました。

この父親は、子育ての失敗を自らの手で決着をつけようと思った、という主旨の供述もしており、改めて現代社会における子育ての問題を重く突きつけました。また、川崎刺殺事件の犯人が五十一歳であり、また父親に殺された被害者は四十四歳だったことを考えると、この三十年におよぶ「失われた時代」は、子育てにおいても大きな空白状態を生じさせていたことがわかります。

このふたつの事件の背景には、親と子の関係が歪《いびつ》であったことにおいて、共通項が見られます。まず前者の事件では、犯人は両親が幼少期に離婚していたことから、伯父伯母夫婦のもとで育てられ、長年「自己承認」の欲求に飢えていたこと。また後者の事件では、父親がいわゆる社会的エリートであり、子どもを自らの所有物と考えていたきらいがあり、それを恥と見なし内部で処理してしまおうとした。職場の同僚や部下によると、この父親は家庭のことで悩んでいる素振りも見せなかったということです。もし早い時期から外部の力を借りていたら、まったく違う結果になったかもしれませんが、それを頑なに拒んでいたのです。

いずれも、大きな経済成長を遂げ、バブル期に頂点に上り詰めてのち、大きな「空白期間」を経てきた戦後日本の社会が、内奥に孕んできた底知れぬ暗闇のようにも感じられます。もはや「人財の育成」という以前に、社会の安定のためにも「子育て」の問題は急務といえます。

考えてみると、戦後の日本社会は経済成長を果たすという目的にのみ邁進した結果、子育てにおいても学歴偏重の偏差値教育の歪みから目をそらしてここまできたように思います。

教育問題を云々する書物は世間に溢れており、それについて一家言を呈する批評家も数多くいます。しかしその大半は過去の成功事例のみに立脚した特殊なものであったり、経験談に終始するものであったりで、科学的根拠や普遍性に乏しいものです。

1．親の勇気づけプログラム・STEPとは何か

プログラム開発のきっかけ

われわれグループダイナミックス研究所では、だいぶ前からこの問題に注目して、「STEP」というプログラムを開発しました。「STEP」というのは、“Systematic Training for Effective Parenting”の略称で、われわれはこれに、「子どものやる気を上手に育てる親のためのトレーニング」という訳語をあてています。

車を運転したり、教師になるには特別な訓練や資格がいるのに、ひとりの人間を育てるという大事業にどうして何の訓練も考えられていないのか……その当然といえば当然な問いかけが、このプログラムを開発しようとした動機です。

われわれがその開発に着手する前段階として、まずAIAの普及がありました。AIAによって大人のやる気を啓育するプログラムを実行する前に、子どもたちのやる気の問題を京都

大学の時実利彦教授から指摘されたのです。時実先生は大脳生理学の第一人者で、当時は『脳の話』という本が大ベストセラーになっていました。その時実先生と、対談したときのことでした。

「あなたはいま、大人のやる気を問題にしているけれど、これからは子どものやる気が問題になるんですよ」

と言われたのです。ちょうどその頃は、「荒れる教室」ということばが巷に溢れ、校内暴力が社会的な問題になっていました。

子どもは次の世代を担っていきますから、やる気をテーマにするとしたら、大人のみならず子どもたちのことを考えていかなければならないのだと。

そこで私は、子どものやる気の問題に取り組んでいる専門家はどこにいるのかを調べたのです。その結果出会ったのがドン・ディンクメイヤーという児童心理学の専門家の方が書いた本でした。彼はアドラー心理学の草分け的存在で、教育現場で実際先生もなさっている方でした。

アドラー心理学とはいまでこそ流行りの学派ですが、当時は日本ではまったく知られてはいませんでした。アドラー心理学をひと言でいえば、それは未来志向型の心理学です。フロイトやユングが子どもの過去に何があったかを分析して、行為の原因を探っていくのに比して、アドラーはまったく逆で、子どもがいまそういう行動を起こしている目的は何かを考えるのです。その目的さえ摑めれば未来は変えることができる、とするのがアドラー心理学の特徴です。

そのドン・ディンクメイヤー氏が、親子問題カウンセラーであるゲーリー・D・マッケイ博士と共同で開発したプログラムがＳＴＥＰで、そのテキストブックを翻訳し、出版した後、一九八一年に博士が来日されて、日本で第一回のプログラムトレーニングをしたのが始まりでした。

そこから現在に至るまで、このプログラムの受講者は世界で４００万人に上ります。

子どもの「やる気」と偏差値教育の弊害

ＳＴＥＰで言っている「やる気」は外からの刺激で起こるものではなく、内発的・自発的やる気のことで、自らを勇気づけるセルフ・モティベーションのことです。

ＳＴＥＰのプログラムを開発した一九八〇年代には「荒れる教室」とか「学級崩壊」ということばが流行語のように扱われていました。また八〇年には川崎で二十歳の浪人生が両親を撲殺した「金属バット事件」が起こり、八二年には俳優の穂積隆信氏が実体験をもとに著した

『積木くずし』が大ベストセラーとなったりして、「家庭内暴力」ということばも日常的に聞かれるようになりました。

その傾向は今世紀に入ってますますエスカレートし、いじめ、またはいじめによる自殺、落ちこぼれ、登校拒否、薬物汚染、そして殺人と、それらにまつわるニュースが流れない日はないと言っていいと思います。いったいい子どもたちの世界には、何が起こっているのでしょうか。

そこにはさまざまな社会的要因があり、また個別的要因もあるに違いありません。事件化されていないだけで、潜在的な危機はそこかしこに転がっていることでしょう。そして、平均的な子どもたちの生活においても、建設的で自発的なやる気、積極的な心構えがあるかといえば、首を傾げざるを得ません。なぜそんなことになっているのでしょうか。

その原因のひとつには、依然として続いている偏差値中心の教育環境があるのではないかと思います。

偏差値中心主義の何が悪いのかは、第一章でも詳しく述べましたが、「啓育」ではない「教育」の弊害は、日本の基盤をおおきく揺るがしていると言っていいと思います。

アドラー学派の考え方

精神医学上では、やる気を起こさせることの効用はつとに知られていました。社会的、あるいは集団的な不適応のたいがいは、本人のやる気が失せたときに起こること、また成人した患者の人格形成の歪みのほとんどは、子どものころにやる気をくじかれたことが原因であることが、さまざまな研究の結果、分かってきたのです。

このことはアドラー学派の特徴のひとつとして考えられています。すなわちどんな子でも、自分は集団のなかでなにがしかの者として認められているという自信、あるいはその集団のなかでうまくやっていく術《すべ》を身につけているという自信をくじかれることさえなければ、自ら進んでその集団から離れて反社会的な道を歩むはずはないとするのです。

同時にまた、次のようなこともいえると思います。子どもを相手に仕事をしている人であれば誰しもが、子どもに「内発的なやる気を起こさせること」がどれだけ大切であるかを知っているのです。そして彼らは実際に、子どもにやる気を起こさせようとさまざまな努力をしているのです。

しかし、親や教師が子どもにやる気を起こさせようとしている現場を客観的に見れば、タイミングを誤っていたり、そのやり方がまずかったりすることが多く、結果としては無残な失敗を繰り返していると言わざるを得ません。

子どもを人間として平等に捉えること

それでは子どもに内発的なやる気を起こさせる上で、もっとも基本的な心構えとは何でしょうか？ それは、親や先生と子どもたちは社会的に平等であるという認識です。

ＳＴＥＰの立脚点もまずここにあります。すなわち親や教師と子どもたちの関係は、すべて民主主義に基づいているという人間観です。もし、親や先生が支配者で子どもたちが被支配者であったり、あるいは子どもたちが親や先生の所有物であるとみなしているのであれば、子どもの言動を正しい方向に導くことはおろか、その言動の意味するところを正確に把握することすら難しくなってしまいます。

そんなことは重々承知していると思われる方もいらっしゃるかもしれません。けれどもそういう方でも、しばしば子どもたちに対して行われる「アメとムチ」、すなわち「報酬と罰」という技術を有用なものとして考えてはいないでしょうか。言い換えれば自分たちが子どもより上の立場であると信じて、外部から子どもに圧力をかけて、子どもに好ましい行動を取らせようとしてはいないでしょうか。しかしいくら「アメとムチ」を用いてそう仕向けたところで、子どもたちが一旦そんなことはしたくないと思ったが最後、行儀をよくしたり、勉強をしたり、何かに専念するように「させる」ことはできません。

なによりも大切なのは、外部からの圧力によるのではなくて、子どもたち当人が「やってみよう」と思うことなのです。いわゆる「報酬と罰」の手法では、この内側からの気持ちが湧いてきません。あるいはたとえ湧いてきたとしても長続きはしないので、報酬と罰を絶えず繰り返すしかなくなるのです。

子どもというものは、自らやってみようという気持ちになり、正しい方向に踏み出しさえすれば、外部から何も負荷をかけなくても、そのまま行動を続けようとするものなのです。

2.「子どもを知る」ことは「人間を知る」こと

子どもの行為の裏にある目的を知る

それではなぜ、子どもたちは正しくない方向へ進んでしまうのでしょうか。あるいはその前に、子どもたちの行動にはどんな意味が隠されているのでしょうか。

よく「子どもを理解する」といいます。けれども前述したとおり、親や先生と子どもが共に社会的に平等な存在だと考えたとき、それは「人間を理解する」ことと同義だと気づくはずです。それでは問いを改めます。人間の行動を理解しようとする場合、あるいはまた人間の行動をよい方向へ変えさせようとするには、どうすればいいのでしょうか。

人間はもともと社会的な生き物です。それが人間と動物を分ける特徴であることを、われわれは知っています。人間は集団のなかにあって初めて力を発揮することもできるし、自分の特質を伸ばすこともできます。一人前の人間になれるかどうかは、その人が属する集団のメンバーとしてうまくやっていけるかどうかにかかっています。

人間の行動を理解するには、行動そのもの以外に、その行動が取られている周囲の状況についても加味して考える必要があります。たとえば家でやる分にはよいことであっても、それを学校でやったらよくない、ということは多々あります。要は状況を相対的に見ることなのです。

また、人間の行動にはすべて何らかの意味があります。そこには必ず、ある目的があります。冒頭のところで、人間の行動を「目的」で考えるというのがアドラー学派の特徴だと述べましたが、まさにそういうことなのです。

親や先生はよく、「なぜあの子があんなことをするのか、まったくわからない」と嘆きます。けれどもそれは親や先生が立っている状況から見た場合の「わからなさ」であって、その子どもが置かれている状況から見れば、極めて当然のことなのです。子どもの視点から見れば、その行動が自分の意図を実現するための唯一の方法である場合が多いのです。

「いい親」であることをやめる

世の多くの親は驚かれるかもしれませんが、STEPのプログラムを進めるにあたって、私はまず「子どもをほめることをやめてください」と言います。私たちの提案でもっとも基本にあるのは、子どもたちを「ほめる」のではなく、「勇気づけ」ることが大切だということです。さらに言えば、これまで親の手本とされてきた「いい親」の座を降りてください、と訴えています。それは、次のような理由からです。

イソップ物語のひとつに、雲雀《ひばり》と狼の話があります。ある朝、雲雀がエサをとりに行こうと枝に止まっています。そこに狼が通りかかり、

「あなたのきれいな羽をくれれば、エサのミミズをとってきてあげましょう」

と雲雀に言いました。雲雀は自分でエサをとりに行くのが面倒なので、羽とミミズを交換しました。翌朝、また同じように、狼は雲雀のところに行きミミズと羽を取り替えました。これを繰り返しているうちに、とうとう雲雀は自分の羽すべてをなくしてしまったのです。いざ雲雀が自分でエサをとりに行こうと飛び立ったとき、枝から落ちて、下で待っていた狼に食べら

れてしまう、という話です。

この物語の雲雀と狼を、子どもと親にあてはめることができるのではないでしょうか。もちろん親は、わが子を食べてしまおうなどとみじんも思っていないでしょうが、結果として、狼と同じように、雲雀であるわが子を台なしにしているケースが、実は多いのではないでしょうか。

子どもたちは今後長い人生を歩んでいきます。そのためには何が必要なのでしょうか。お金やものではないはずです。それは、積極的に人生を生きようとする「やる気」であり、どんな困難に出会ってもそれを乗り越える勇気、さまざまなできごとにチャレンジしていく精神を身につけていくことです。

にもかかわらず、子どもの責任はすべて自分にあると、四六時中子どもを管理しようとする親は、早く起きなさい、好き嫌いせずにいっぱい食べて……、勉強しなさい、もう寝る時間でしょ……などと至れり尽くせりの世話をし、子どもが軌道から外れないようにほめたり叱ったりします。

ところが、こうした「いい親」、ほめる親は、「いい、悪い」の価値判断を子どもに押し付けることになり、子どもはその評価にとらわれてしまいます。子どもは常に、親の目、まわりの目の色を伺いながら行動し、自ら積極的に動こうとしません。知らないうちに親は、伸びようとする子どもの力を摘み取ってしまっている、ということにもなりかねません。

子どもの生活、子どもの行動を親が決めてしまうことは、結局は、子どもを指示されないと動かない「指示待ち人間」に仕向けてしまうのです。果たしてこうした子どもたちが、その後の長い人生を、自らの力で切り拓いていけるのでしょうか。

親の気持ちは善意であったとしても、結果として、雲雀を殺してしまう狼に、親自身がなってはいないでしょうか。

こうした子育てによる弊害は、単に一家庭だけの問題にとどまるものではありません。消極的な精神、失敗を恐れずチャレンジし前進することに価値を見出せない安定志向型の子どもたちは、十年後、二十年後には社会の担い手として新しい時代を生きていく立場になります。その際、ますます複雑化していく社会のなかで、健全な成長を促すための活力が低下し、社会全体のポテンシャリティーを弱めてしまうといった事態も考えられます。子どもをめぐるこうした状況には、今を生きて次世代を育てる立場のわれわれ大人たちが、たいへんな危機感を抱く必要があるのではないでしょうか。

小学生のほとんどが、はたまた幼稚園児さえも、進学塾や能力開発教室に通う現在、はたして子どもたちに必要なものはなんでしょう。

ここでハーバード大学の入学試験を紹介しましょう。同大学では、入学の条件として、「挫折回復力」を重要視しており、面接によってその力を計ろうとしています。困難なできごと、失望などの壁にぶつかり挫折したとき、どのように回復したか、そこから何を学んだかを、ひとつの能力として認め、その価値に重きを置いているわけです。なぜ挫折回復力が重要かというと、挫折から立直るためには、積極的な心構え、やる気、自立心、自分の生きる姿勢に対する責任感などが必要であり、その人なりの人間性が問われるからです。これらは、人間が生きていく上でもっとも基本的であり、かつ、重要なことです。そしてこの力は一朝一夕では育むことはできません。

子育ての段階からこそ、自立心や積極的な心構え、やる気を慈しみ、どのように育てるかを真剣に考えて臨まなければならないのではないでしょうか。

親の勇気づけ、心の持ち方、「忍耐力」

ＳＴＥＰのプログラムの特徴のひとつに、「結末を体験させる」ということがあります。子どもたち自身が選んだ行動を続けることでどういう結末が訪れるか、その「自然な結末」「論理的な結末」を体験させるのです。

結末といっても、それが事故にあって大きな試練に巻き込まれるとか、極端に悲劇的なものではなく、たとえば宿題をしないでテレビばかり見て、あるいはゲームばかりしていてひと晩過ごしてしまったらどうなるか、という程度のことから始まります。

そういうとき多くの親は、「明日学校で先生に叱られますよ」とか「ちゃんとやることをやってからテレビを見なさい」などと言いますが、何度言ってもダメで、しまいには一緒に見てあげるから、と結果として子どもを甘やかして根本の問題から逃げる手に出るしかなくなります。

そういう時に、その行動の行く先にどういうことが待っているかを、論理的に体験させてしまうのです。テレビの前を離れない子どもに、このままだと眠くなって宿題をやる時間がなくなること、明日宿題を忘れたまま学校にいくとどういうことが待っているかを、自分の頭で考えさせるのです。子どもたちは、先生に叱られることをありありと想像します。それで自分の気持ちがどうなるかも、もう実感としてわかります。すると子どもは、今の行動を改めなければと、自発的に気づくのです。

実はこの方法をとるには、親の側に忍耐力が必要とされます。まず、うちの子どもがみんなの前で叱られたら悲しい、というところから、先生はどう思うだろうか、そんなことを許した親はどう思われるだろうか……連想は次第に子ども本位から親本位、つまり親の側がどう見られるか、に移っていくのです。

STEPが「子どものやる気を上手に育てる親のためのトレーニング」であることをいま一度思い出していただきたい所以《ゆえん》です。

3．STEPの実際

ＳＴＥＰの実際のセミナーでは全体で九章から成る『ＳＴＥＰハンドブック』を使用します。そして、毎週一回の学習会を九回行います。学習会は少人数（十名程度）で行いますが、一方的な講義スタイルではなく、日常よく出会う事例を話題にした、楽しい雰囲気のなかでの話し合いが中心となります。そこでは親子の日常の会話や言動を収録したＣＤやＤＶＤを使用して、具体的にわかりやすく進行します。また、一週間に一回というインターバルがありますので、学習会で得た知識を実際の場で実践してみて、次の学習会にフィードバックすることができます。そこで参加者のさまざまな意見、事例を聞くことができ、個別的になりがちな子育ての問題を共有化できるのです。

それではここで簡単に、九章におよぶハンドブックの主な内容をお伝えしましょう。

◎第一章　なぜ子どもは悪いことばづかいや行動をするのでしょうか

〈親（先生）と子どもの社会的平等／子どもの言動を理解する〉

子どもの言動を理解せずに、その場で反応し対応してはいませんか。子どもの「好ましくない言動」には、子どもなりの目的があるのです。

◎第二章　子どもと親の感情を理解しましょう

〈感情について／ライフスタイルについて／「いい親」と「責任感ある親」との違い〉

感情は人間を豊かにします。しかし、しばしばその感情に振り回されてしまうことはありませんか。感情とどう付き合っていけばよいのでしょうか。

◎第三章　勇気づけで子どもの自信を育てましょう

〈子どもの勇気をくじく考え方／子どものやる気を起こす考え方／「ほめること」と「勇気づけ」の違い〉

ほめることが子どものやる気を引き出す最善の方法だと信じてはいませんか。しかしそこには大きな落とし穴があるのです。「ほめること」と「勇気づけ」の違いを考えてみましょう。

◎第四章　上手に子どもの気持をくみとる聴き方をしましょう

〈子どもが感情的になったときの親（先生）の役割／人の話を聴く力を身につける〉

子どもに話しかけられたときの親の対応の典型的な例は、本当は「子どもの話に耳を傾けていない」ことだといいます。本当に〝耳を傾ける〟とはどういうことでしょうか。

◎第五章　親の考えを子どもに分かるように伝えましょう

〈子どもが問題を自分で解決できるように手助けする法／誰にとって問題かを考える／「Iメッセージ」で親の考えを伝える〉

自分の言うことが少しも子どもに伝わっていないことでイライラしたことはありませんか。どうしたらスムーズに自分の気持ちを子どもに伝えることができるでしょうか。

◎第六章　子どもの責任感を育てるしつけ法は……

〈「論理的な結末」から学ばせるしつけ法と、罰を与えるしつけ法との違い／子どもの問題（起床、宿題、兄弟げんか等）にどう対処するか〉

何事につけても「〜していい？」というタイプの子どもや大人が増えているといわれます。従来の「アメとムチ」式のしつけ法には限界があります。ここでは、子どもの自主性を育む新しいしつけ法を考えます。

◎第七章　新しいしつけ法を身につけましょう

〈子どもの挑戦（物忘れ、衣服と髪型等）にどう対処するか〉

ついつい子どもの挑戦にのせられて反応していることはありませんか。「反応するのではなく行動する」という原則を、具体的なケースに当てはめて考えてみましょう。

◎第八章　楽しい家族会議を開きましょう

〈家族会議の指針／リーダーシップの技術〉

家族会議を開いてみましょう。それは親子三人からできます。家族会議の意味、方法、リーダーシップについて考えます。

◎第九章　いきいきとした素敵な親になりましょう

〈あなたの能力を生かそう〉

親自身が毎日をいきいきと送っている姿こそ、子どもたちを励ます何よりのメッセージです。そんな大人のそばにいる子どもの目はキラキラと輝いています。

このなかで、「第五章」にある「I－メッセージ」ということについて、大事なところなので補足しておきましょう。

子どもが親の話に耳を傾けるようにするには、親の気持ちを子どもに理解してもらえるような話し方をする必要があります。子どもの話を聴くときと同じように、権力的ではなく、相手の人格を認めていることがわかるように伝えることが大事なのです。

じっくり子どもの話を聴いたものの、いざなにかひと言いう段になって、指揮官タイプや評論家タイプの話をしたのでは、子どもがソッポを向くのは当然です。彼らは、親から忠告されたり、結論を押し付けられたり、おどされたり、欠点を改めて指摘されたりするのを嫌うのです。

そこで提案したいのは、子どもの言動によって、親がどう感じたかだけを伝えるやり方です。感じた事実を話すだけに止めるのです。その場合には、当然の成り行きとして、「私は」という主語が使われるはずです。この話し方においては、主体は親ですから子どもは攻撃の標的にはなり得ません。

「約束の時間を過ぎてもあなたが帰ってこないから、私はとても心配した」

「あなたが約束の時間に帰ってこないと、お母さんは困るのよ。夕飯のおかずを何度もあたためなければならないから」……

「私は」という話しかけ方をするなら、子どもの行為を頭ごなしに非難することなく、事実を報告するだけで、気持ちが伝わります。

親にとって特にこの姿勢は、ＳＴＥＰのプログラム全体を象徴するものです。

以上、このＳＴＥＰのプログラムは、「子どもの存在」は「親の存在」なくしてはありえない、という極めて簡単明瞭な事実から出発しています。すなわち、子どもを理解するには、まず親自身の自己発見が必要なのです。子どもの人間的成長と親の人間的成長は、重なり合い、もつれあって進行します。

そのことがわかれば、子育てとは、子どもの問題ではなく、むしろ自分自身の問題だと気づくはずです。

終章　日本に「七人の侍」はいるのか

——ブスカーク博士からの手紙

ブスカーク博士からの手紙

これまで現代の日本において「人づくり」の要諦をどう考えるかという視点から、われわれグループダイナミックス研究所が開発し普及しているさまざまなプログラムについて述べてきましたが、最後に二〇一七年の夏、アメリカの友人から届けられた手紙を紹介したいと思います。

その友人とは、『テキストブック・オブ・セールスマンシップ』と『The Entrepreneur's Handbook（企業家精神ハンドブック）』を父親のリチャード・H・ブスカークとともに著した、ペッパーダイン大学のＩＴマーケティングの教授、ブルース・H・ブスカーク博士です。

この手紙には「日本復活の戦略はあるか――七人の侍はいるか」というタイトルがついてお

り、外部から見た現在の日本が置かれている状況を、実に鋭く突いています。

日本経済を再生し、活力を蘇らせるために、日本は何ができるだろう。できることはほとんどないといって良いだろう。すでにあらゆる手を尽くしてきたからだ。日本経済にはファクターが他にもいろいろあって、それが長く尾を引くものだ。日本にはいまだにバブル崩壊から立ち直っていないと思えるところがある。

ミルトン・フリードマンの「恒常所得仮説」によれば、人は将来予想される所得を考えて消費行動をとるという。終身雇用の見込みが失われたいま、日本人は将来の収入を安定的に予測できないと感じている。将来払い続けることができるかどうかの不安があっては、どんなローンも組みたくないだろう。かつてサラリーマンという大きな労働人口が雇用に不安を持っていなかった頃とは、状況は大きく異なっているのだ。

ヘンリー・フォードが組み立てライン方式を開発したとき、それが経済の基本原理につながるということをフォードは理解していた。フォードはその車を作った労働者が購入できる車を作ろうと思った。最初、それはうまくいかなかった。600ドルの車は、当時の普通の労働者には手の届かないものだった。そこで、フォードは彼らが600ドルの車を買えるように賃金を引き上げたのだ。

価格は賃金に従って動く。日本の労働人口の生活の質が変わらなければならない。日本には、概してリスクを避けたがる文化がある。雇用が不安定だということは、彼らにとって非常に大きな問題なのである。アメリカの労働者と比較してもかなりその傾向が強い。

企業家の活動にとって資金はそれほど問題ではないのではないか。

低金利は大企業がその業界で優位を保ち、破壊的と思われるような新しい考え方を排除するには大いに役立つ。経済に利益をもたらす企業家活動には、従来の考えから見ると破壊的に思われる傾向がある。これは基本的に創造のための破壊である。現存する固定観念でコチコチの日本の大企業にとって変わろうとする中小の新設企業の育成に、日銀が手を貸したりすれば、それは時宜をわきまえない行為と思われるだろう。

日本が企業家活動を通じて経済を支えるためにできることといえば、大学レベルで応用科学や技術、コミュニケーション関連技術を奨励し、大学で新しい技術を育成するインキュベーター（起業支援）を促進することである。アメリカでは大学を中退した人々がすでに大きな企業を起こしている。アップルのスティーブ・ジョブズが設立した企業は、いまでは世界で最高の大企業となっている。ビル・ゲイツはパーソナル・コンピューター事業で、アメリカに最有力の立場をもたらした。ザッカーバーグのソーシャル・メディアもそうだ。すべてトップクラスの大学からドロップアウトした人々である。彼らはアメリカの経済に大きなインパクトを与えた。大学での研究を支援し、助成することは積極的な活動である。しかしアメリカでは大企業がそれを自らの研究を削減する手段にしてしまった。

アメリカでは基礎研究に対する投資税額控除が効果を上げてきたのに、なぜそれを打ち切ったのか私にはわからない。確立した大企業が基礎研究を支援する方針を持つのはよいアイデアであろう。この四十年間に日本の企業が企業予算の何%を研究費に充てたかを調べて表にし、その期間の日本経済の動きと比べてみるとよいだろう。きっと企業が研究に投資する額が少なくなるほど、日本の経済が衰えていったことがわかるはずである。

以上がこのテーマに関する私の基本的な考えである。

日本に「七人の侍」はいるのか

アメリカ人が国際ビジネスを行う際の考え方を、私は以前「ジョン・ウェイン」式だと表現したことがある。つまり、一人のヒーローが町に乗り込んできて、悪者をすべて撃ち殺して去っていくというのが、アメリカ人の好む考え方なのだ。アメリカの西部劇のほとんどは、こうした筋書きが基本になっていた。

例外的なものとして有名な西部劇は、「荒野の七人」だろう。しかも皮肉なことに、この西部劇は日本映画のリメイク版なのだ。

話は変わるが、これが役に立つといいと思う。

私は一九七八年に博士課程（国際ビジネス）に進んだ。日本式のビジネスのやり方について、あらゆることを学ぼうと思った。十年もたたないうちに、日本の自動車メーカーがアメリカの市場を独占するのを目の当たりにしたばかりだったからだ。私は品質管理サークル活動（QC）と、それがビジネスのあらゆる場面に与えている影響に興味を覚えたのだ。

アメリカ人は国際ビジネスに弱いと教えられた。自分たちの市場以外に特に関心を払わなくても私たちは成功するはずだと考えているからである。私たちは「ジョン・ウェイン」流の考え方をしている。つまり、私たちは単独で行動し、独裁的にふるまう個人があらゆる問題を解決してしまう。そして、即座に問題の解決につながる解決策だけを求めようとするのだ。

私はアメリカの企業家精神が「ジョン・ウェイン」式の経営スタイルで盛んになってき

たとは思わない。スティーブ・ジョブズは例外かもしれない。一時はアップルから追放されたものの、復帰すると大きなチームを育て上げている。成功する事業の多くにとっては、チーム力の生かし方の重要性がますます増してきている。

品質管理サークルという考え方は、なぜ日本のベンチャー・グループに浸透しなかったのだろう？　七〇年代の品質サークルという考え方が、事業を起こす際になぜ活用できなかったのだろうか？　日本の啓育過程にもそれが応用されなかったのはなぜなのか？

日本人はビジネス慣行に日本の哲学信念や文化が反映されたときに、もっとも成果を出すと私は思う。日本人は彼らの哲学信念や文化に調和した形で行動するのが、もっとも効率的なのだろう。

日本は七〇年代にすばらしい成果を上げていた。ところがその後、アメリカのビジネス慣行を取り入れたことが、日本を駄目にしているのではないか、と私は考える。

ここでいうアメリカのビジネス慣行とは……

1. 景気が下降中は、人づくりへの投資を止め、人財を雇用し続けることも止めてしまう。
2. 景気が悪くなると、研究部門を縮小する。研究部門のコンソーシアム（組合・連合）への支援をやめてしまう。

3. コストの最も低い労働力を求めてアウトソーシングしようとする。世界中のどこへでも。
4. 企業内にたくさんの戦略的ビジネス・ユニットを作り、それぞれに競わせる。ソニー・ミュージックはアップルの iTunes に曲目リストをすべて売り渡したので、ほかの部門にまで損失が及ぶようになった。

学生や中堅管理者には、チームで大きなプロジェクトに取り組み、より大きな組織の目標が達成できるよう指導してほしい。

とりとめもなく書いたが、このことが少しでもお役に立てればうれしい。

ブルース

「七人の侍」と「荒野の七人」

一九五四年に公開された黒澤明監督の映画「七人の侍」と、ジョン・スタージェス監督がこれをリメークした映画「荒野の七人」（一九六〇年）には、類似する点がいろいろあります。たとえば、どちらの映画も、収穫の時期になると農地を荒らしにやってくる盗賊を撃退するために、農民が傭兵を雇うという筋書きです。ただしこの二つの映画には相違点もあって、「荒野の七人」の無法者と「七人の侍」の野武士とでは、その性格の描写がかなり違っています。

二つの映画の主な類似点はプロットです。どちらの映画でも、盗賊たちは毎年決まって小さな村を襲い、収穫物を略奪するので、農民はごくわずかな食糧で命をつながなければなりません。「荒野の七人」ではカルベラが率いる盗賊たちが町に居座って、農民に話しかけますが、「七人の侍」では盗賊たちが馬で通りがかり、麦が実るころにまた来ようと話しているのを、一人の農民に聞かれてしまいます。そこで農民たちは会合を開き、傭兵を雇うことにします。「七人の侍」ではコメを、「荒野の七人」では20ドル出して雇うことにきめます。傭兵を見つけるまでに、農民は何度となく断られますが、やっとのことで最初の一人を見つけることができるのです。どちらの映画にも共通するのは、農民たちが勇気を振り絞ってことに当たるという点です。

「七人の侍」では主役の勘兵衛が、僧に変装して、人質になっていた子どもを救い出します。「荒野の七人」では主役のクリスが新たに見つけた相棒のヴィンとともに、ある男の埋葬を拒もうとしていた強盗団との激しい衝突になります。どちらの映画でも、主役の人物は農民に共感を覚え、大した儲けにはならない仕事を引き受け、農民に協力してあと六人の仲間を探そうとします。「七人の侍」では、若くて未熟な侍の勝四郎や、もともと百姓だった菊千代という侍などが仲間に入ってきます。「荒野の七人」では、チコがこの二人の役割を併せ持ちます。つまり若くて経験不足なガンマンで、元は農民だったという設定です。どちらの映画でも主役は親友を見つけています。七郎治とハリーです。

比較してみると、その要点は文化の違いにあるといえます。つまり、日本人はグループで能率的な仕事をするのに対して、アメリカ人は早撃ちで即座に結果を出すような、独裁的な人物をあてにするのです。

日本の企業家は、強いビジョンと意志を持った個人を頼りにするより、チームでよい仕事をすることに向かうべきだと私は思います。そのチームでは、人々は〈志〉を共有し、お互いにコミュニケーションをとり、協力してプロジェクトに取り組むのです。経営者は気分次第で雇ったり解雇したりしてはいけません。強い意志を持ち、ビジョンを提案できる人物が必要なのです。

考えてみれば、この「失われた三十年」というのは、日本の企業社会が自らの強みの部分をあきらめ、ブスカーク博士のいう「日本の強みでないビジネス慣行」を一生懸命取り入れてきた時代だといえるのではないでしょうか。逆にその間、アメリカは自由闊達な企業家を次々に輩出し、日本の企業文化のいいところも取り入れながら、独自のビジネス・スタイルを築いてきたともいえます。

また、余談になりますが、本書第三章の冒頭（86〜87頁）で図表を紹介した、ジェームズ・ブライアン・クイン氏の著書"INOVATION EXPLOSION"については苦い思いがあります。というのも、原書が出た一九九七年に、本当は私が訳すつもりでいました。ところが下読みをお願いした人からの返答は「いますぐ役に立つものではない」ということでした。私はそれを鵜呑みにして、雑事にかまけていたこともあり、ついに訳さずに置いてしまいました。いまから思うと、この「すぐに役に立つものではない」ということこそ、実に示唆に富むことばでした。あのときすぐに訳していれば、おそらくジェームズ・ブライアン・クイン氏の警告に気がついた経営者もいたかもしれません。

ただ、まだ手遅れではありません。これらのことを日本人は改めて謙虚な気持でとらえ、リ・スタートを切る必要があると思います。

あとがき

一昨年（二〇一八年）のことです。かねてより親しくしている北海道大学名誉教授で経営学の泰斗である米山喜久治先生から、次のような文面のお葉書をいただきました。

拝復

豪雨、猛暑、台風、さらに地震の襲来により、日本列島は災害列島と化し経済はデフレが20年以上続き、低迷しております。人心は荒廃し、思考停止がいたる所に起こっています。

川上正光先生の〝Education〟の「教育」の誤訳に始まる「教育観」の誤り、次に問題は日本の明治以来の大学制度にあります。

（Ⅰ）世界の先端を行く「工学部」を大学の学部に編成したこと。

（Ⅱ）芸術関係を大学から削除して専門学校である音楽学校、美術学校を設立したこと。

（Ⅲ）敗戦後の学制改革によって旧制高等学校を廃止したこと。これによって日本の大学でリベラルアーツを啓育する所がなくなった。
現代の日本の各界のエリート達の思考力のなさ、倫理観の欠如、問題解決に向けた人間的情熱の欠如は、全て戦後の大学教育の欠陥によるものと考えております。

敬具

こちらから、「Education」を「教育」と誤訳したことがいかに日本を誤った方向へ導いてしまったかを書状にまとめて送ったものへの返信ですが、短い文章のなかに実に適切に過不足なく、日本の教育の欠陥を突かれていて感激したものです。

特に（Ⅲ）の旧制高校の廃止がいかに大学教育を貧しくしたかは、まったく目からウロコの論点で、確かに昔は「デカンショ」といって、文系に進む学生も理系を志す学生も皆デカルトを読み、カントを語ってショーペンハウエルを論じ、哲学を楽しんだものでした。それが今で言う「リベラルアーツ」で、結局は全人啓育につながり、専門分野に進んでも近視眼的な誤ちに陥ることを未然に防いでいたともいえます。

これまで長きにわたって実践し普及してきたわれわれグループダイナミックスのプログラム〈AIA〉〈TOS〉〈STEP〉のことをここで一旦まとめて、世に広く問うてみようと本書をしたためてきましたが、執筆を進めていくうちにあるひとつの思いを強くしました。

それは、日本が「人づくり」の上で犯した判断ミスの源は、実は明治維新にまで遡るのではないかということでした。

さわりは本書の第一章3項でも触れましたが、ことは単に「Education」の翻訳ミスに留まるものではなく、わが国の人財育成政策そのものの設計ミスによるのだということです。もしそれがなければ、太平洋戦争などという愚かな戦いで貴重な人的資源、物的資源を失うことなく、日本はいま頃大いに繁栄しただろうとさえ思われます。

そう考えると、ひとつの制度設計のミスとそれを支える一人ひとりの心の持ち方、すなわち心構え（Attitude）は後年に至って多大なコストに繋っていく恐ろしいものだと、身をもって感じます。

その教訓、更に「日本の強み」、特に日本語という財産を生かすも殺すもわれわれ次第。次の世代に負の遺産を残さぬよう心してかからねばという思いを強くした次第です。

本書がそのことのひとつの手掛かりになれば幸いです。

二〇二〇年　春

柳平　彬《さかん》

柳平 彬（やなぎだいら　さかん）
1940年、東京生まれ。62年、慶応義塾大学経済学部卒業後、丸紅飯田（現丸紅）入社 。その後渡米し、ハバフォード大学でリベラルアーツ哲学を学び、ダートマス大学大学院タック・スクール・オブ·ビジネスで企業組織論·マーケティング等を学ぶ。67年にMBAを取得。70年人財育成プランナーとして独立。企業の組織開発（OD）や営業研修（TOS）に携わる。75年グループダイナミックス研究所を創立。社員経営者や中堅管理者、営業担当者を対象にAIA·心のアドベンチャー、志の力学プログラムなどのやる氣啓育プログラムを開発。個人、家族、大学、女性リーダーにも普及。また、子どもの積極性と責任感を育てる親のための勇気づけプログラム（STEP）を開発し、親や教職関係者を中心に普及する。川崎・矢向と八ケ岳山麓の蓼科高原に縄文天然温泉付きの相互啓発研修センターを設立。人参ジュース断食を普及。健幸（けんこう）道場として一人ひとりの生き方に心（マインド）と体（フィジカル）から質の向上をはかる。AIA·心のアドベンチャーは、日本で42万5千人以上が受講した。

《グループダイナミックス研究所》
1975年8月設立。グループダイナミックス（集団力学）の考えに基づいた相互啓発により、一人ひとりの内発的な意欲と目標創造力を高める啓育研修プログラムと、人づくりの場を提供している。関連施設に川崎生涯研修センター・縄文天然温泉「志楽の湯」、たてしなエグゼクティブハウス・八ヶ岳縄文天然温泉「尖石の湯」がある。

田畑書店

基本・人づくり

AIAのすすめ

2020年4月　5日　印刷
2020年4月10日　発行

著　者　柳平　彬《さかん》

発行人　大槻慎二
発行所　株式会社 田畑書店
〒102-0074　東京都千代田区九段南3-2-2　森ビル5階
tel 03-6272-5718　fax 03-3261-2263
装幀・本文組版　田畑書店デザイン室
印刷・製本　中央精版印刷株式会社

Printed in Japan
ISBN978-4-8038-0366-2 C0030
定価はカバーに表示してあります
落丁・乱丁本はお取り替えいたします